Par le maréchal de Vauban. Voy. le P. Lelong.

L. 1134.
D.

Arrest du Conseil d'Estat contre
le Liure de Mr. le Mal. de Vauban
intitulé projet d'une Dixme Royale. 14. febvrier 1707.

Sur ce qui a été representé au Roy en son Conseil
qu'il se debite a paris un Liure portant projet
d'une dixme royalle qui supprimant la taille,
les aydes, les doüannes d'une prouince a l'autre,
les decimes du clergé, les affaires extraordineires
et tous autres Jmposts onereux et non volontaires
et diminuant le prix du Sel de moitié et plus
produiroit au Roy un reuenu &c. imprimé en
1707. Sans dire en quel endroit et distribué sans
permission n'y priuilege, dans lequel Jl se
trouue plusieurs choses contraires a l'ordre et
a l'usage du Royaume. a quoy estant necessaire
de pouruoir. Veu ledit ouurage, ouy le raport
du Sr Turgot. Le Roy en son Conseil ordonne
qu'il sera fait recherche dudit Liure, et que
tous les exemplaires qui s'en trouueront seront
saisis et Confisquez, et mis au Pilon; fait sa
majesté deffenses a tous les Libraires d'en garder
n'y uendre aucun a peine d'interdiction et de
1000 lb. d'amende. fait au Conseil d'état priué du
le 14. feurier 1707.

Le Roy s'estant fait representer un arrest
rendu au Conseil le 14e feurier dernier, par lequel
Sur ce qui a été representé a sa majesté qu'il se
debite a paris un Liure portant pour titre,
Projet d'une disme royalle, qui supprim...

La taille, les aides, les douannes d'une provin
a'une autre, les décimes du clergé, les affaires
extraordinaires et non volontaires, et dimin
le prix d'iceluy de moitié et plus produiroit
Roy un revenu &c. et imprimé en 1707. sans
dire en quel endroit, et distribué sans perm
ni privilege, dans lequel il se trouve plusi
choses contraires à l'ordre et à l'usage du
Royaume. Le Roy en son Conseil ordonne qu
sera fait recherche dud. Livre, et que tous les
exemplaires qui s'en trouveront ^ saisis et confi
                              seront
et mis au pilon, et Sa Majté estant Informé
qu'au préjudice dud. arrest l'edit Livre se débit
encore à Paris, et que même il a été Imprimé
à quoy estant necessaire de pourvoir : veü l
arrest du Conseil du 14. février dernier ouy l
raport &c. Le Roy en son Conseil de Louis o
en le Chancelier ordonne que led. arrest d
14 février dernier sera executté selon sa forme
teneur, ordonne en outre q. sera Informé par
Sr. d'Argenson que S. M. a commis et commet
cet effet de l'impression dud. Livre, ensemble
du débit d'iceluy, pour l'information raportée
veü au Conseil estre ordonné ce qu'il apparti
fait au Conseil d'etat privé du Roy tenu à Ver
le 14. mars 1707.

Sur ce qui a été representé au Roy en son Conseil
qu'il se debite a Roüen un Livre Intitulé Moyens
tres faciles de faire recevoir au Roy quatre vingt
millions par dessus la Capitation, qu'il a été
Imprimé dans La ville de Roüen sans permission
n'y privilege et sans nom d'autheur, ny
d'imprimeur, Ledit Livre Contenant plusieurs
choses contraires a l'ordre et a l'usage du
Royaume, a quoy estant necessaire de pourvoir
Veü Ledit Livre, ouy Le raport &c. Le Roy en
son Conseil de L'avis de Mr. le chancelier ordonne
qu'il sera fait recherche dud. Livre, que tous les
exemplaires qui s'en trouveront seront saisis
confisquez, et mis au pilon, et qu'il sera informé
par le S.r de la Moignon de Courson Intendant
de Roüen que S.M. a commis et Commet a cet
effet, de l'impression dudit Livre, Ensemble
du debit d'iceluy pour Lad. Information raportée
et veüe au Conseil estre ordonné Ce qu'il
appartiendra. fait au Conseil d'etat privé
du Roy tenu a Versailles le 14. mars 1707.

L. 1194
D.

PROJET
D'UNE
DIXME
ROYALE:

QUI SUPPRIMANT LA TAILLE,

les *Aydes*, les *Doüanes* d'une Province à l'autre, les *Décimes* du Clergé, les *Affaires* extraordinaires; & tous autres *Impôts* onereux & non volontaires : Et diminuant le prix du *Sel* de moitié & plus, produiroit au Roy un REVENU CERTAIN ET SUFFISANT, sans frais; & sans être à charge à l'un de ses Sujets plus qu'à l'autre, qui s'augmenteroit considerablement par la meilleure Culture des Terres.

Ex Dono Ill.mi Domini Marschalli de Vauban

M. DCC. VII.

Augustini Dilal paris

TABLE

DES TITRES ET DES CHAPITRES.

PREMIERE PARTIE

DE CES MEMOIRES. pag. 21.

á ij

TABLE

SECONDE PARTIE
DE CES MEMOIRES,

Qui contient diverses Preuves de la bonté du Systême de
la DIXME ROYALE, & la maniere de le met-
tre en pratique.

TABLE.

CHAPITRE PREMIER.

CHAPITRE II.

CHAPITRE III.

CHAPITRE IV.

TABLE.

C H A P I T R E V.

C H A P I T R E V I.

C H A P I T R E V I I.

TABLE.

CHAPITRE VIII.

TABLE.

CHAPITRE IX.

CHAPITRE X.

CHAPITRE XI.

Fin de la Table des Titres & des Chapitres.

DIXME ROYALE.

PREFACE,

QUI EXPLIQUE LE DESSEIN
de l'Auteur, & donne l'Abregé de l'Ouvrage.

QUOY que le Systême que je dois proposer, renferme à peu prés en foy ce qu'on peut dire de mieux fur le fujet y contenu ; je me fens obligé d'y ajoûter certains éclaircissemens qui n'y feront pas inutils, vû la prévention où l'on eft contre tout ce qui a l'air de nouveauté.

Je dis donc de la meilleure foy du monde, que ce n'a été ni l'envie de m'en faire accroire, ni de m'attirer de nouvelles confidera-

A

tions, qui m'ont fait entreprendre cet Ouvrage.
Je ne suis ni lettré, ni homme de Finances, &
j'aurois mauvaise grace de chercher de la gloire
& des avantages, par des choses qui ne sont pas
de ma profession. Mais je suis François très-
affectionné à ma Patrie, & très-reconnoissant des
graces & des bontez, avec lesquelles il a plû aû
Roy de me distinguer depuis si long-temps. Reconnoissance d'autant mieux fondée, que c'est à
luy, aprés Dieu, à qui je dois tout l'honneur
que je me suis acquis par les Emplois dont il luy
a plû m'honorer, & par les bienfaits que j'ay tant
de fois reçûs de sa liberalité. C'est donc cet esprit de devoir & de reconnoissance qui m'ani-
me, & me donne une attention très-vive pour
tout ce qui peut avoir rapport à luy & au bien
de son Etat. Et comme il y a déja long-temps
que je suis en droit de ressentir cette obligation,
je puis dire qu'elle m'a donné lieu de faire une
infinité d'observations sur tout ce qui pouvoit
contribuer à la sûreté de son Royaume, à l'augmentation de sa Gloire & de ses Revenus, & au
bonheur de ses Peuples, qui luy doit être d'autant plus cher, que plus ils auront de Bien,
moins il sera en état d'en manquer.

Cette Préface & le gros de cet Ouvrage, ont été faits en l'année 1698. immediatemét aprés le Traité de Riswick.

La vie errante que je mene depuis quarante
ans & plus, m'ayant donné occasion de voir & vi-
siter plusieurs fois, & de plusieurs façons, la plus
grande partie des Provinces de ce Royaume, tantôt seul avec mes domestiques, & tantôt en com-

pagnie de quelques Ingénieurs ; j'ay souvent eu
occasion de donner carriere à mes Réflexions,
& de remarquer le bon & le mauvais des Païs ;
d'en examiner l'état & la situation, & celuy des
Peuples, dont la pauvreté ayant souvent excité
ma compassion, m'a donné lieu d'en rechercher
la cause. Ce qu'ayant fait avec beaucoup de soin,
j'ay trouvé qu'elle répondoit parfaitement à ce
qu'en a écrit l'Auteur du Détail de la France,
qui a dévelopé & mis au jour fort naturellement les abus & mal-façons qui se pratiquent
dans l'Imposition & la levée des Tailles, des Aydes & des Doüanes Provinciales. Il seroit à souhaiter qu'il en eût autant fait des Affaires extraordinaires, de la Capitation, & du prodigieux nombre d'Exempts qu'il y a presentement dans le
Royaume, qui ne luy ont guéres moins causé de
mal, que les trois autres, qu'il nous a si bien dé-
peints. Il est certain que ce mal est poussé à l'excés, & que si on n'y remedie, le menu Peuple
tombera dans une extrêmité dont il ne se releve-
ra jamais ; les grands chemins de la Campagne,
& les ruës des Villes & des Bourgs étans pleins
de Mandians, que la faim & la nudité chassent de
chez eux.

Par toutes les recherches que j'ay pû faire, depuis plusieurs années que je m'y applique, j'ay
fort bien remarqué que dans ces derniers temps,
prés de la dixiéme partie du Peuple est réduite à
la mandicité, & mandie effectivement ; que des

neuf autres parties, il y en a cinq qui ne font pas
en état de faire l'aumône à celle-là, parce qu'eux-
mêmes font réduits, à trés-peu de chofe prés, à
cette malheureufe condition ; des quatre autres
parties qui reftent, les trois font fort mal-aifées,
& embaraffées de dettes & de procés; & que dans
la dixiéme, où je mets tous les Gens d'Epée, de
Robe, Ecclefiaftiques & Laïques, toute la Nobleffe haute, la Nobleffe diftinguée, & les Gens
en Chârge militaire & civile, les bons Marchands,
les Bourgeois rentez & les plus accommodez, on
ne peut pas compter fur cent mille Familles, &
je ne croirois pas mentir, quand je dirois qu'il
n'y en a pas dix mille petites ou grandes, qu'on
puiffe dire être fort à leur aife ; & qui en ôteroit
les Gens d'Affaires, leurs alliez & adherans cou-
verts & découverts, & ceux que le Roy foûtient
par fes bienfaits, quelques Marchands, &c. je
m'affure que le refte feroit en petit nombre.

Les caufes de la mifere des Peuples de cet Etat
font affez connuës, je ne laiffe pas neanmoins
d'en reprefenter en gros les principales ; mais il
importe beaucoup de chercher un moyen folide
qui arrête ce defordre, pendant que nous joüif-
fons d'une Paix, dont les apparences nous pro-
mettent une longue durée.

C'eft la Paix de
Rifwick, con-
cluë en 1697.

Bien que je n'aye aucune Miffion pour chercher ce moyen, & que je fois peut-être l'homme
du Royaume le moins pourvû des qualitez neceffaires à le trouver, je n'ay pas laiffé d'y travail-

Ier , perſuadé qu'il n'y a rien dont une vive &
longue application ne puiſſe venir à bout.

J'ay donc premierement examiné la Taille dans
ſon principe & dans ſon origine ; je l'ay ſuivie
dans ſa pratique, dans ſon état d'innocence , &
dans ſa corruption ; & aprés en avoir découvert
les deſordres, j'ay cherché s'il n'y auroit pas moyen
de la remettre dans la pureté de ſon ancien établiſſement, en luy ôtant les défauts & abus qui
s'y ſont introduits par la maniere arbitraire de
l'impoſer , qui l'ont renduë ſi odieuſe.

J'ay trouvé que dés le temps de Charles VII.
on avoit pris toutes les précautions qui avoient
parû neceſſaires pour prévenir les abus qui pourroient s'y gliſſer dans les ſuites , & que ces précautions ont été bonnes , ou du moins que le mal
n'a été que peu ſenſible, tant que le fardeau a été
leger , & que d'autres Impoſitions n'ont point
augmenté les charges ; mais dés qu'elles ont com-
mencé à ſe faire un peu trop ſentir, tout le monde a fait ce qu'il a pû pour les éviter ; ce qui ayant
donné lieu au deſordre, & à la mauvaiſe foy de
s'introduire dans le détail de la Taille, elle eſt de-
venuë arbitraire, corruptible , & en toute maniere accablante à un point qui ne ſe peut exprimer.
Ce qui s'eſt tellement compliqué & enraciné ,
que quand même on viendroit à bout de la ra-
mener à ſon premier établiſſement , ce ne ſeroit
tout au plus qu'un remede paliatif qui ne dureroit
pas long-temps ; car les chemins de la corruption

font tellement frayez , qu'on y reviendroit in-
ceffamment; & c'eft ce qu'il faut fur toute chofe
éviter.

LA TAILLE RE'ELLE fondée fur les Ar-
pentages & fur les eftimations des revenus des
Heritages , eft bien moins fujette à corruption,
il faut l'avoüer ; mais elle n'en eft pas exempte,
foit par le défaut des Arpenteurs , ou par celuy
des Eftimateurs qui peuvent être corrompus, in-
tereffez ou ignorans : ou par le défaut du Syftême en fa fubftance, étant trés-naturel d'eftimer
un heritage ce qu'il vaut, & de le taxer à proportion de la valeur prefente de fon revenu ; ce
qui n'empêche pas que dans les fuites, l'eftimation ne fe puiffe trouver défectueufe. C'eft ce
que l'exemple fuivant rendra manifefte.

Un bon ménager poffede un heritage, dans lequel il fait toute la dépenfe neceffaire à une bonne culture; cet heritage répond aux foins de fon
maître, & rend à proportion. Si dans ce temps-
là on fait le Tarif ou Cadaftre du Païs, ou qu'on
le renouvelle, l'heritage fera taxé fur le pied de
fon revenu prefent ; mais fi par les fuites cet heritage tombe entre les mains d'un mauvais ménager, ou d'un homme ruiné, qui n'ait pas moyen
d'y faire de la dépenfe; ou qu'il foit decreté ; ou
qu'il tombe à des Mineurs ; tout cela arrive fouvent & fort naturellement : En un mot, qu'il foit
negligé par impuiffance ou autrement, pour lors
il déchoira de fa bonté, & ne rapportera plus tant;

auquel cas le Proprietaire ne manquera pas de se
plaindre, & de dire que son Champ a été trop
taxé, & il aura raison par rapport au revenu present : ce qui n'empêche cependant pas que les
premiers Estimateurs n'ayent fait leur devoir. Qui
donc aura tort ? Ce sera bien sûrement le Systême qui est défectueux, pour ne pouvoir pas soû-
tenir à perpetuité la justesse de son estimation.
Et c'est de ce défaut d'où procede la plus grande
partie des plaintes qui se font dans les Païs où la
Taille est réelle, bien qu'il ne soit pas impossible
qu'il ne s'y glisse d'autres défauts de negligence
ou de malice pour favo riser quelqu'un.

Il arrive la même chose dans le Systême des
Vingtiémes & Centiémes qui réüssissent assez bien
dans les Païs-Bas, parce que le Païs étant plat, il
ne s'y trouve que trois ou quatre differences au
plus dans les estimations. Mais dans les Païs bos-
sillez; par exemple, dans le mien frontiere de
Morvand païs montagneux, faisant partie de la
Bourgogne & du Nivernois, presque par tout
mauvais; quand j'en ay voulu faire un essay, il
s'est trouvé que dans une Terre qui ne contient
pas plus d'une demie lieuë quarrée, il a falu la diviser en quatorze ou quinze Cantons, pour en faire autant d'estimations differentes; & que dans
chacun de ces cantons, il y avoit presque autant
de differences que de pieces de terre. Ce qui fait
voir, qu'outre les erreurs ausquelles la Taille réelle est sujette, aussi-bien que dès Vingtiémes &

Centiémes , elle feroit encore d'une difcuffion dont on ne verroit jamais la fin, s'il faloit l'éten-dre par toute la France.

Il en eft de même des Répartitions qui fe font par feux ou foüages, comme en Bretagne, Provence & Dauphiné , où quelque foin qu'on ait pris de les bien égaler, la fuite des temps les a dérangez & difproportionnez comme les autres.

Il y a des Païs où l'on met toutes les Impofitions fur les Denrées qui s'y confomment, même fur le Pain, le Vin & les Viandes ; mais cela en rend les confommations plus cheres , & par confequent plus rares. En un mot, cette methode nuit à la fubfiftance & nourriture des hommes , & au commerce , & ne peut fatisfaire aux befoins extraordinaires d'un Etat , parce qu'on ne peut pas la pouffer affez loin. D'autres ont penfé à tout mettre fur le Sel ; mais cela le rendroit fi cher, qu'il faudroit tout forcer pour obliger le menu Peuple à s'en fervir. Outre que ce qu'on en tireroit ne pourroit jamais fatisfaire aux deux tiers des befoins communs de l'Etat , loin de pouvoir fuffire aux extraordinaires. Sur quoy il eft à remarquer , que les gens qui ont fait de telles propofitions, fe font lourdement trompez fur le nombre des Peuples, qu'ils ont eftimé de moitié plus grand qu'il n'eft en effet.

Tous ces moyens étant défectueux , il en faut chercher d'autres qui foient exempts de tous les défauts qui leur font imputez, & qui puiffent en
avoir

avoir toutes les bonnes qualitez , & même celles
qui leur manquent. Ces moyens font tous trouvez ; ce fera la DIXME ROYALE, fi le Roy
l'a pour agréable , prife proportionnellement fur
tout ce qui porte Revenu. Ce Syftême n'eft pas
nouveau, il y a plus de trois mil ans que l'Ecri-
ture Sainte en a parlé, & l'Hiftoire profane nous
apprend que les plus grands Etats s'en font heureufement fervis. Les Empereurs Grecs & Romains l'ont employé ; nos Rois de la premiere
& feconde Race l'ont fait auffi, & beaucoup d'autres s'en fervent encore en plufieurs parties du
Monde, au grand bien de leur Païs. On prétend
que le Roy d'Efpagne s'en fert dans l'Amerique &
dans les Ifles ; & que le grand Mogol , & le Roy
de la Chine, s'en fervent auffi dans l'étenduë de
leurs Empires.

En effet, l'établiffement de la DIXME ROYALE Excellence de la DIXME ROYALE.
impofée fur tous les fruits de la terre, d'une part;
& fur tout ce qui fait du Revenu aux hommes, de
l'autre : me paroît le moyen le mieux proportionné
de tous; parce que l'une fuit toûjours fon heritage
qui rend à proportion de fa fertilité, & que l'autre
fe conforme au Revenu notoire & non contefté.
C'eft le Syftême le moins fufceptible de corruption
de tous , parce qu'il n'eft foûmis qu'à fon Tarif,
& nullement à l'arbitrage des hommes.

La DIXME ECCLESIASTIQUE que nous confide-
rons comme le modêle de celle-cy, ne fait aucun
Procés, elle n'excite aucune plainte : & depuis

B

qu'elle eft établie, nous n'apprenons pas qu'il s'y foit fait aucune corruption ; auffi n'a-t'elle pas eu befoin d'être corrigée.

C'eft celuy de tous les Revenus qui employe le moins de gens à fa perception, qui caufe le moins de frais, & qui s'execute avec le plus de facilité & de douceur.

C'eft celuy qui fait le moins de non-valeur, ou pour mieux dire, qui n'en fait point du tout. Les Dixmeurs fe payent toûjours comptant de ce qui fe trouve fur le champ, dont on ne peut rien lever qu'ils n'ayent pris leur droit. Et pour ce qui eft des autres Revenus differens des fruits de la terre, dont on propofe auffi la Dixme, le Roy pourra fe payer de la plus grande partie par fes Receveurs ; & le refte une fois réglé, ne fouffrira aucune difficulté.

C'eft la plus fimple & la moins incommode de toutes les Impofitions, parce que quand fon Tarif fera une fois arrêté, il n'y aura qu'à le faire publier au Prône des Paroiffes, & le faire afficher aux portes des Eglifes : chacun fçaura à quoy s'en tenir, fans qu'il puiffe avoir lieu de fe plaindre que fon voifin l'a trop chargé.

C'eft la maniere de lever les Deniers Royaux la plus pacifique de toutes, & qui excitera le moins de bruit & de haine parmy les Peuples, perfonne ne pouvant avoir lieu de fe plaindre de ce qu'il aura ou dévra payer, parce qu'il fera toûjours proportionné à fon Revenu.

Elle ne mettroit aucune borne à l'autorité Royale qui fera toûjours la même ; au contraire , elle
rendra le Roy tout-à-fait indépendant non feulement de fon Clergé, mais encore de tous les Païs
d'Etats, à qui il ne fera plus obligé de faire aucune
Demande : parce que la Dixme Royale dixmant
par préference fur tous les Revenus , fuppléera à
toutes ces Demandes ; & le Roy n'aura qu'à en
hauffer ou baiffer le Tarif felon les befoins de l'Etat.
C'eft encore un avantage incomparable de cette
Dixme, de pouvoir être hauffée & baiffée fans peine & fans le moindre embarras ; car il n'y aura
qu'à faire un Tarif nouveau pour l'année fuivante
ou courante , qui fera affiché comme il eft dit
cy-devant.

Le Roy ne dépendroit plus des Traitans; il n'auroit plus befoin d'eux, ni d'établir aucun Impoft
extraordinaire, de quelque nature qu'il puiffe être;
ni de faire jamais aucun emprunt, parce qu'il trouveroit dans l'établiffement de cette Dixme & des
deux autres fonds qui luy feroient joints, dont il
fera parlé cy-aprés , de quoy fubvenir à toutes les
neceffitez extraordinaires qui pourroient arriver à
l'Etat.

Elle ne feroit aucun tort à ceux qui ont des
Charges d'ancienne ou de nouvelle création dont
l'Etat n'aura plus befoin, puis qu'en payant les gages & les interêts jufqu'à rembourfement de finances, les Proprietaires qui n'auront rien ou peu de
chofe à faire, n'auront aucun fujet de fe plaindre,

AJoûtons à ce que deſſus, que la Dixme Royale jointe aux deux autres fonds que nous préten-
dons luy aſſocier, ſera le plus aſſuré, comme le
plus abondant moyen qu'on puiſſe imaginer pour
l'acquit des dettes de la Couronne.

L'établiſſement de la DIXME ROYALE aſſureroit
les Revenus du Roy ſur les biens certains & réels
qui ne pourront jamais luy manquer. Ce ſeroit
une Rente fonciere ſuffiſante ſur tous les biens du
Royaume; la plus belle, la plus noble, & la plus
aſſurée qui fût jamais.

Comme il n'y a rien de plus vray que tous ces
Attributs de la Dixme Royale, ni rien plus certain
que tous les défauts qui ſont imputez aux autres
Syſtêmes; je ne voy point de raiſon qui puiſſe dé-
tourner Sa Majeſté d'employer celuy-cy par préference à tous autres, puis qu'il les ſurpaſſe infini-
ment par ſon abondance, par ſa ſimplicité, par la
juſteſſe de ſa proportion, & par ſon incorrupti-
bilité.

Je ne dis rien des deux autres fonds, dont l'un
eſt le Sel, & l'autre le Revenu fixe, compoſé du
Domaine, des Parties Caſuelles, &c. parce que je
ſuis perſuadé qu'on entrera facilement dans les
expediens que je propoſeray à l'égard du premier;
& que l'autre comprend des Revenus, dont l'établiſſement eſt déja fait & légitimé, à trés-peu de
choſe prés.

A l'égard des difficultez qui pourroient s'oppo-
ſer à l'établiſſement de cette Dixme, elles ſeroient

peut-être confiderables, fi on entreprenoit de le faire tout d'un coup ; parce que les Peuples étant extrêmement prévenus contre les nouveautez, qui jufques icy leur ont toûjours fait du mal & jamais du bien, ils crieroient bien haut avant qu'ils euf-fent démêlé tout le bon & le mauvais de ce Syftê-me. Mais il y a long-temps qu'on eft accoûtumé aux crieries, & qu'on ne laiffe pas de faire & de réüffir à ce que l'on entreprend. Ce qu'il y a de certain, c'eft que n'en entreprenant que peu à la fois, comme il eft propofé à la fin de ces Memoi-res, peu de gens crieront, & ce peu-là s'appaifera bien-tôt, quand ils auront démêlé ce de quoy il s'agit. Ce ne fera pas le menu Peuple qui fera le plus de bruit, ce feront ceux dont il eft parlé au Chapitre des Objeétions & Oppofitions ; mais comme pas un d'eux n'aura raifon d'en faire, il faudra boucher les oreilles, aller fon chemin, & s'armer de fermeté ; les fuites feront bien-tôt voir que tout le monde s'en trouvera bien.

L'établiffement de la Dixme Royale me pa-roît enfin le feul moyen capable de procurer un vray repos au Royaume, & celuy qui peut le plus ajoûter à la gloire du Roy, & augmenter avec plus de facilité fes Revenus; parce qu'il eft évident qu'à mefure qu'elle s'affermira, ils s'accroîtront de jour en jour, ainfi que ceux des Peuples, car l'un ne fçauroit faire chemin fans l'autre.

Plus on examinera ce Syftême, plus on le trou-vera excellent, outre toutes les belles proprietez

que j'en ay déja fait remarquer , on y en trouvera toûjours de nouvelles. Par exemple, il en a
une incomparable qui luy eſt ſinguliere , qui eſt
celle d'être également utile au Prince & à ſes Sujets. Mais comme ce même Syſtême eſt fondé ſur
des Maximes qui ne conviennent qu'à luy ſeul,
quoy qu'elles ſoient trés-juſtes & trés-naturelles;
auſſi eſt-il incompatible dans ſon execution avec
tout autre. C'eſt pourquoy ce ſeroit tout gâter,
que d'en vouloir prendre une partie pour l'inſerer
dans une autre, & laiſſer le reſte : par exemple, la
Dixme des fruits de la terre, avec la Taille ou les
Aydes; parce que cette Dixme étant pouſſée dans
ces Memoires auſſi loin qu'elle peut aller , on ne
pourroit la mêler avec d'autres Impoſitions de la
nature de celles qui ſe levent aujourd'huy , ſans
tout déranger, & la rendre abſolument inſupportable. Il faut donc prendre ce Syſtême tout entier, ou le rejetter tout-à-fait.

Je voudrois bien finir, mais je me ſens encore
obligé de prendre la liberté de repreſenter à Sa
Majeſté, que cet Ouvrage étant uniquement fait
pour Elle & pour ſon Royaume, ſans aucune autre
conſideration; il eſt neceſſaire qu'Elle ait la bonté d'en commettre l'examen à de veritables gens
de bien , & abſolument deſintereſſez. Car le défaut le plus commun de la Nation, eſt de ſe mettre peu en peine des beſoins de l'Etat. Et rare-
ment en verra-t'on qui ſoient d'un ſentiment
avantageux au Public , quand ils auront un inte-

reſt contraire ; les miſeres d'autruy les touchent peu quand ils en ſont à couvert, & j'ay vû ſouvent que beaucoup d'affaires publiques ont mal réüſſi, parce que des Particuliers y ayant leurs interêts mêlez, ils ont ſçû trouver le moyen de faire pancher la balance de leur côté. Il eſt donc du Service de Sa Majeſté d'y prendre garde de prés, en ce rencontre particulierement, & de faire un bon choix des gens à qui Elle donnera le ſoin d'examiner cet Ouvrage.

Je me ſens encore obligé d'honneur & de conſcience, de repreſenter à Sa Majeſté, qu'il m'a parû que de tout temps, on n'avoit pas eu aſſez d'égard en France pour le menu Peuple, & qu'on en avoit fait trop peu de cas; auſſi c'eſt la partie la plus ruinée & la plus miſerable du Royaume ; c'eſt elle cependant qui eſt la plus conſiderable par ſon nombre, & par les ſervices réels & effectifs qu'elle luy rend. Car c'eſt elle qui porte toutes les charges, qui a toûjours le plus ſouffert, & qui ſouffre encore le plus ; & c'eſt ſur elle auſſi que tombe toute la diminution des hommes qui arrive dans le Royaume. Voicy ce que l'application que je me ſuis donnée pour apprendre juſqu'où cela pourroit aller, m'en a découvert.

Par un Meſurage fait ſur les meilleures Cartes de ce Royaume, je trouve que la France de l'étenduë qu'elle eſt aujourd'huy, contient trente mil lieuës quarrées ou environ, de 25 au degré, la lieuë de 2282 toiſes trois pieds. Que chacune de

ces lieuës contient 4688 Arpens 82 perches & demie de terre de toutes efpeces, l'arpent de cent
perches quarrées, & la perche de vingt pieds de
long, & de 400 pieds quarrez. Ces 4688 Arpens
82 perches ½ divifez proportionnellement en terres vagues & vaines, Places à bâtir, Chemins,
Hayes & Foffez, Etangs, Rivieres & Ruiffeaux ;
en Terres labourables, Prez, Jardins, Vignes,
Bois, & en toutes les parties qui peuvent compo-
fer un petit Païs habitable de cette étenduë, la fertilité de même Païs fuppofée un peu au deffous du
mediocre : ces terres enfin cultivées, enfemencées,
& la récolte faite, doivent produire par commune
année de quoy nourrir fept ou huit cens perfonnes de tous âges & de tous fexes, fur le pied de
trois feptiers de bled mefure de Paris par tête, le
feptier pefant net deux cens quarante livres, le
poids du fac défalqué.

De forte que fi la France étoit peuplée d'autant
d'habitans qu'elle en pourroit nourrir de fon crû,
elle en contiendroit fur le pied de 700 par lieuë
quarrée, vingt-un million : & fur le pied de 800,
vingt-quatre millions. Et par le dénombrement
que j'ay fupputé de quelques Provinces du Royaume, & de plufieurs autres petites parties, il fe trouve que la lieuë quarrée commune de ces Provinces ne revient qu'à 627 perfonnes & demy, de
tous âges & de tous fexes ; encore ay-je lieu de
me défier que cette quantité puiffe fe foûtenir
dans toute l'étenduë du Royaume ; car il y a bien
de

[marginal note:] Nous avons pris la perche de vingt pieds, qui eft la moyéne entre celle du Châtelet de Paris qui eft de dix-huit pieds, & celle dont on mefure les Bois, qui eft de vingt-deux pieds.

de mauvais Païs dont je n'ay pas les Dénombre-mens. Je trouve donc au premier cas, c'est-à-dire de sept cens personnes à la lieuë quarrée, qu'il manque 72 ½ personnes par lieuë quarrée; & au second, de huit cens à la même lieuë, qu'il en manque 172 ½; ce qui revient au premier, à deux millions cent soixante-quinze mil Ames de diffe-rence par tout le Royaume; & dans l'autre, à cinq millions cent soixante-quinze mil, qui est à peu prés autant qu'il y en peut avoir dans l'Angle-terre, l'Ecosse & l'Irlande; & tout cela en di-minution de la partie basse du Peuple, qui rem-plit encore à ses dépens les vuides qui se font dans la Haute, par les gens qui s'élevent & font fortune.

C'est encore la partie basse du Peuple, qui par son travail & son Commerce, & par ce qu'elle paye au Roy, l'enrichit & tout son Royaume. C'est elle qui fournit tous les Soldats & Matelots de ses Ar-mées de Terre & de Mer, & grand nombre d'Offi-ciers; tous les Marchands, & les petits Officiers de Judicature. C'est elle qui exerce, & qui remplit tous les Arts & Métiers: c'est elle qui fait tout le Commerce & les Manufactures de ce Royaume; qui fournit tous les Laboureurs, Vignerons & Manœuvriers de la Campagne; qui garde & nour-

Gens fort é-clairez, & d'em-ploy à le de-voir sçavoir, m'ont assuré qu'avant la der-niere Guerre, il y avoit quin-ze millions d'A-mes dans le Royaume, & plus: & que presentement il n'y en a pas plus de treize millions, ce qui ne reviendroit qu'à 433 per-sonnes par lieuë quarrée; cepen-dant il s'en est trouvé plus de sept cens dans la Bretagne, Normandie, Pi-cardie, Artois & Generalité de Tours; mais non tant en Al-sace, Dauphiné & Comté de Bourgogne. Et m'étant mieux éclairci depuis par les Dénom-bremens que j'ay ramassé de toutes les Pro-

vinces du Royaume, dont on trouvera cy-aprés l'abregé; j'ay trouvé qu'aprés la derniere Guerre, la France contenoit dix-neuf millions 94 mil tant d'Ames, ce qui se rapporte, à peu de chose prés, à l'estimation énoncée en la page precceden-te, qui donne 627 personnes & demy de tous âges & de tous sexes par lieuë quar-rée; ce qui est cependant fort au dessous de ce qu'elle en pourroit nourrir, si elle étoit bien cultivée.

C

rit les Beſtiaux ; qui ſeme les Bleds, & les recuëil-
le ; qui façonne les Vignes, & fait le Vin : & pour
achever de le dire en peu de mots, c'eſt elle qui
fait tous les gros & menus ouvrages de la Campagne & des Villes.

Voila en quoy conſiſte cette partie du Peuple
ſi utile & ſi mépriſée, qui a tant ſouffert, & qui
ſouffre tant de l'heure que j'écris cecy. On peut
eſperer que l'établiſſement de la DIXME ROYALE
pourra réparer tout cela en moins de quinze années de temps, & remettre le Royaume dans une
abondance parfaite d'hommes & de biens. Car
quand les Peuples ne ſeront pas ſi oppreſſez, ils
ſe marieront plus hardiment ; ils ſe vêtiront &
nourriront mieux ; leurs enfans ſeront plus robuſtes
& mieux élevez ; ils prendront un plus grand ſoin
de leurs affaires. Enfin ils travailleront avec plus
de force & de courage, quand ils verront que la
principale partie du profit qu'ils y feront, leur demeurera.

Il eſt conſtant que la grandeur des Rois ſe meſure par le nombre de leurs Sujets ; c'eſt en quoy
conſiſte leur bien, leur bonheur, leurs richeſſes,
leurs forces, leur fortune, & toute la conſideration qu'ils ont dans le monde. On ne ſçauroit
donc rien faire de mieux pour leur ſervice & pour
leur gloire ; que de leur remettre ſouvent cette
Maxime devant les yeux : car puiſque c'eſt en cela que conſiſte tout leur bonheur, ils ne ſçauroient trop ſe donner de ſoin pour la conſerva-

tion & augmentation de ce Peuple qui leur doit
être si cher.

Il y a long-temps que je m'apperçois que cette Préface est trop longue. Je ne sçaurois cependant me resoudre à la finir, que je n'aye encore
dit ce que je pense sur les bornes qu'on peut donner à la DIXME ROYALE, que je crois avoir suffi-
samment étudiée, pour en pouvoir dire mon sen-
timent.

Il m'a donc parû qu'on ne la doit jamais pousser plus haut que le Dixiéme, ni la mettre plus bas
que le Vingtiéme ; l'excés du premier chargeroit
trop, & la mediocrité du dernier ne fourniroit
pas assez pour satisfaire au courant.

On se peut joüer entre ces deux termes par
rapport aux besoins de l'Etat, & jamais autrement ; parce qu'il est constant que plus on tire
des Peuples, plus on ôte d'argent du Commerce ; & que celuy du Royaume le mieux employé,
est celuy qui demeure entre leurs mains, où il n'est
jamais inutile ni oisif.

MAXIMES

FONDAMENTALES DE CE SYSTÉME.

I.

IL eft d'une évidence certaine & reconnuë par tout ce qu'il y a de Peuples policez dans le monde, que tous les Sujets d'un Etat ont befoin de fa PROTECTION, fans laquelle ils n'y fçauroient fubfifter.

II.

Que le Prince, Chef & Souverain de cet Etat ne peut donner cette Protection, fi fes Sujets ne luy en fourniflent les moyens; d'où s'enfuit:

III.

Qu'un Etat ne fe peut foûtenir, fi les Sujets ne le foûtiennent. Or ce SOUTIEN comprend tous les befoins de l'Etat, aufquels par confequent tous les Sujets font obligez de contribuer.

DE CETTE NECESSITE', il refulte:

Premierement, Une obligation naturelle aux Sujets de toutes conditions, de contribuer à proportion de leur Revenu ou de leur Induftrie, fans qu'aucun d'eux s'en puifle raifonnablement difpenfer.

Deuxiémement, Qu'il fuffit pour autorifer ce droit, d'être fujet de cet Etat.

Troifiémement, Que tout Privilege qui tend à l'Exemption de cette Contribution, eft injufte & abufif, & ne peut ni ne doit prévaloir au préjudice du Public.

PROJET

QUI REDUIT LES REVENUS DU ROY
à une proportion Geometrique, par l'établissement d'une
DIXME ROYALE, *laquelle en produisant un*
Revenu considerable & suffisant pour tous les besoins
de l'Etat, pourra donner lieu à la suppression de la
Taille, des Aydes, des Doüanes Provinciales, des
Décimes du Clergé, & de toutes les autres Imposi-
tions onereuses & à charge au Peuple, de quelque na-
ture qu'elles puissent être ; à la reserve de la Gabelle
réduite à la moitié ou aux deux tiers de ce qu'elle est ;
des Doüanes qu'il faudroit releguer sur les Frontieres,
& les beaucoup diminuer ; des vieux Domaines de
nos Rois ; & de tous les autres Revenus fixes & de
raison, dont il sera parlé dans la suite de ces Memoires.

QUAND je diray que la France est
le plus beau Royaume du monde,
je ne diray rien de nouveau, il y a
long-temps qu'on le sçait ; mais si
j'ajoûtois qu'il est le plus riche, on
n'en croiroit rien, par rapport à ce que l'on voit.

C'eſt cependant une verité conſtante , & on en conviendra ſans peine, ſi on veut bien faire attention, que ce n'eſt pas la grande quantité d'Or & d'Argent qui font les grandes & veritables richeſſes d'un Etat, puis qu'il y a de trés-grands Païs dans le monde qui abondent en Or & en Argent, & qui n'en ſont pas plus à leur aiſe , ni plus heureux. Tels ſont le Perou , & pluſieurs Etats de l'Amerique , & des Indes Orientales & Occidentales, qui abondent en Or & en Pierreries, & qui manquent de pain. La vraye richeſſe d'un Royaume conſiſte dans l'abondance des Denrées, dont l'uſage eſt ſi neceſſaire au ſoûtien de la vie des hommes , qu'ils ne ſçauroient s'en paſſer.

Or on peut dire que la France poſſede cette abondance au ſuprême degré , puiſque de ſon ſuperflu elle peut graſſement aſſiſter ſes voiſins , qui ſont obligez de venir chercher leurs beſoins chez elle , en échange de leur Or & de leur Argent; que ſi avec cela elle reçoit quelques-unes de leurs Denrées, ce n'eſt que pour faciliter le Commerce, & ſatisfaire au luxe de ſes Habitans ; hors cela elle pourroit trés-bien s'en paſſer.

Les Denrées qu'elle debite le plus communément aux Etrangers, ſont les Vins, les Eaux de Vie, les Sels, les Bleds & les Toilles. Elle fournit auſſi les Modes, une infinité d'Etoffes qui ſe fabriquent dans ſes Manufactures mieux qu'en aucun autre endroit du monde ; ce qui luy attire &

peut attirer des richeſſes immenſes, qui ſurpaſſent celles que les Indes pourroient luy fournir, ſi elle en étoit maîtreſſe.

Elle a de plus chez elle des proprietez ſingulieres, qui excitent un Commerce interieur qui luy eſt trés-utile. C'eſt qu'elle n'a guéres de Province qui n'ait beſoin de ſa voiſine d'une façon ou d'autre; ce qui fait que l'argent ſe remuë, & que tout ſe conſomme au dedans, ou ſe vend au dehors, en ſorte que rien ne demeure.

Que ſi cela ne ſe trouve pas au pied de la lettre auſſi préciſément que je le dis, ce n'eſt ni à l'intemperie de l'Air, ni à la faute des Peuples, ni à la ſterilité des Terres, qu'il en faut attribuer la cauſe; puiſque l'Air y eſt excellent, les Habitans laborieux, adroits, pleins d'induſtrie, & trés-nombreux; mais aux Guerres qui l'ont agitée depuis long-temps, & au défaut d'œconomie que nous n'entendons pas aſſez, ſoit dans le choix des Impôts & Subſides neceſſaires pour entretenir l'Etat, ſoit dans la maniere de les lever; ſoit dans la culture de la terre par rapport à ſa fertilité. Car c'eſt une verité qui ne peut être conteſtée, QUE LE MEILLEUR TERROIR NE DIFFERE EN RIEN DU MAUVAIS S'IL N'EST CULTIVÉ. Cette culture devient même non ſeulement inutile, mais ruineuſe au Proprietaire & au Laboureur, à cauſe des frais qu'il eſt obligé d'y employer, ſi faute de conſommation, les Denrées qu'il retire de ſes terres, luy demeurent & ne ſe vendent point.

Il y a long-temps qu'on s'eſt apperçû & qu'on ſe plaint, que les biens de la Campagne rendent le tiers moins de ce qu'ils rendoient il y a trente ou quarante ans, ſur tout dans les Païs où la Taille eſt perſonnelle ; mais peu de perſonnes ont pris la peine d'examiner à fond, quelles ſont les cauſes de cette diminution qui ſe fera ſentir de plus en plus, ſi on n'y apporte le remede convenable.

Pour peu qu'on ait de connoiſſance de ce qui ſe paſſe à la Campagne, on comprend aiſément que les Tailles ſont une des Cauſes de ce mal ; non qu'elles ſoient toûjours & en tout temps trop groſſes ; mais parce qu'elles ſont aſſiſes ſans proportion, non ſeulement en gros de Paroiſſe à Paroiſſe, mais encore de Particulier à Particulier; en un mot, elles ſont devenuës arbitraires, n'y ayant point de proportion du bien du Particulier à la Taille dont on le charge. Elles ſont de plus exigées avec une extrême rigueur, & de ſi grands frais, qu'il eſt certain qu'ils vont au moins à un quart du montant de la Taille. Il eſt même aſſez ordinaire de pouſſer les executions juſqu'à dépendre les portes des Maiſons, aprés avoir vendu ce qui étoit dedans ; & on en a vû démolir, pour en tirer les poutres, les ſolives & les planches qui ont été venduës cinq ou ſix fois moins qu'elles ne valoient, en déduction de la Taille.

L'autorité des perſonnes puiſſantes & acréditées, fait ſouvent moderer l'Impoſition d'une ou

de

de plufieurs Paroiffes, à des Taxes bien au deffous de leur jufte portée, dont la décharge doit
confequemment tomber fur d'autres voifines qui
en font furchargées ; & c'eft un mal inveteré auquel il n'eft pas facile de remedier. Ces perfonnes puiffantes font payées de leur protection dans
la fuite, par la plus-valuë de leurs Fermes, ou de
celles de leurs parens ou amis, caufée par l'exemption de leurs Fermiers & de ceux qu'ils prote-
gent, qui ne font impofez à la Taille que pour la
forme feulement ; car il eft trés-ordinaire de voir
qu'une Ferme de trois à quatre mil livres de Revenu, ne fera cotifée qu'à quarante ou cinquante livres de Taille, tandis qu'une autre de quatre
à cinq cens livres en payera cent, & fouvent plus;
ce qui fait que les Terres n'ont pas ordinairement
la moitié de la culture dont elles ont befoin.

Il en eft de même de Laboureur à Laboureur,
ou de Païfan à Païfan, le plus fort accable toûjours le plus foible ; & les chofes font réduites à
un tel état, que celuy qui pourroit fe fervir du ta-
lent qu'il a de fçavoir faire quelqu'Art ou quelque Trafic, qui le mettroit luy & fa famille en état
de pouvoir vivre un peu plus à fon aife, aime
mieux demeurer fans rien faire; & que celuy qui
pourroit avoir une ou deux Vaches, & quelques
Moutons ou Brebis, plus ou moins, avec quoy il
pourroit ameliorer fa Ferme ou fa Terre, eft obligé de s'en priver, pour n'être pas accablé de Taille l'année fuivante, comme il ne manqueroit pas

de l'être, s'il gagnoit quelque chose, & qu'on vît
sa Récolte un peu plus abondante qu'à l'ordinaire.
C'est par cette raison qu'il vit non seulement très-
pauvrement luy & sa famille, & qu'il va presque
tout nud, c'est-à-dire, qu'il ne fait que très-peu
de consommation ; mais encore, qu'il laisse déperir
le peu de terre qu'il a, en ne la travaillant qu'à
demy, de peur que si elle rendoit ce qu'elle pourroit rendre étant bien fumée & cultivée, on n'en
prît occasion de l'imposer doublement à la Taille.
Il est donc manifeste que la premiere Cause de la
diminution des biens de la Campagne, est le défaut de culture, & que ce défaut provient de la
maniere d'imposer les Tailles, & de les lever.

L'autre cause de cette diminution est le défaut
de Consommation, qui provient principalement
de deux autres, dont une est la hauteur & la mul-
tiplicité des droits des Aydes, & des Doüanes Provinciales, qui emportent souvent le prix & la valeur des Denrées, soit Vin, Biere & Cidre ; ce qui
a fait qu'on a arraché tant de Vignes, & qui par
les suites fera arracher les Pommiers en Normandie, où il y en a trop par rapport à la consommation presente de chaque Païs, laquelle diminuë tous les jours ; l'autre, les vexations inexpri-
mables que font les Commis à la levée des Aydes, qui se sont fait depuis quelque temps Marchands de Vin & de Cidre. Car il faut parler à
tant de Bureaux pour transporter les Denrées, non
seulement d'une Province ou d'un Païs à un au-

tre, par exemple de Bretagne en Normandie, ce
qui rend les François Etrangers aux François mêmes, contre les principes de la vraye politique,
qui conspire toûjours à conferver une certaine
uniformité entre les fujets qui les attache plus for-
tement au Prince ; mais encore d'un lieu à un autre dans la même Province ; & on a trouvé tant
d'inventions pour furprendre les gens, & pouvoir
confifquer les Marchandifes, que le Proprietaire
& le Païfan aiment mieux laiffer perir leurs Denrées chez eux, que de les tranfporter avec tant de
rifques & fi peu de profit. De forte qu'il y a des
Denrées, foit Vins, Cidres, Huiles, & autres chofes femblables, qui font à trés-grand marché fur
le lieu, & qui fe vendroient cherement, & fe de-
biteroient trés-bien à dix, vingt & trente lieuës
de-là où elles font neceffaires, qu'on laiffe perdre, parce qu'on n'ofe hazarder de les tranfporter.

Ce feroit donc un grand bien pour l'Etat, &
une gloire incomparable pour le Roy, fi on pouvoit trouver un moyen feur, qui en luy fournif-
fant autant ou plus que ne font les Tailles, les Aydes & les Doüanes Provinciales, délivrât fon Peuple des miferes aufquelles cette même Taille, les
Aydes, &c. les affujétiffent. Et c'eft ce que je me
fuis perfuadé avoir trouvé, & que je propoferay
dans la fuite, aprés avoir dit un mot du mal que
caufent les affaires extraordinaires, & les Exemptions.

D ij

Cecy a été composé incontinent après la Paix de Riswick, en 1698.

Il étoit impoffible dans l'état où font les chofes, de fournir aux dépenfes que la derniere Guerre exigeoit, fans le fecours des affaires extraordinaires, qui ont donné de grands fonds. Mais on ne peut diffimuler, qu'à l'exception des Rentes conftituées fur l'Hôtel de Ville de Paris, des Tontines, & autres engagemens femblables, qui peuvent être utiles aux Particuliers, & qui ont été volontaires; le furplus des affaires extraordinaires n'ait caufé de grands maux, dont l'Etat fe reffentira long-temps; non feulement pour les Rentes & Dettes qu'il a contractées, qui en ont notablement augmenté les charges, en même temps que par les mêmes voyes, elles ont ôté quantité de bons fujets à la Taille, dont on les a exemptez pour des fommes trés-modiques, parties defquelles font demeurées entre les mains des Traitans. Mais encore par la ruine prefque totale & fans reffource d'une quantité de bonnes familles, qu'on a contraint de payer plufieurs Taxes, fans s'informer fi elles en avoient les moyens. A quoy il faut ajoûter, que ces mêmes Affaires extraordinaires ont encore épuifé & mis à fec ce qui étoit refté de gens un peu accommodez en état de foûtenir le menu Peuple de la Campagne, qui de tout temps étoit dans l'habitude d'avoir recours à eux dans leur neceffité, tant pour avoir de quoy payer la Taille & leurs autres dettes plus preffées, que pour acheter de quoy vivre & s'entretenir, affurez qu'ils étoient de regagner une partie de

cet emprunt par le travail de leurs bras ; ce qui fai-
foit un commerce capable de foûtenir les Maîtres & les Valets ; au lieu que les uns & les autres
venant à tomber en même temps & par les mêmes caufes, ne fçauroient que difficilement fe relever.

Pour rendre cecy plus intelligible, je prendray
la liberté de marquer en détail les défauts plus
effentiels que j'ay obfervez en ces fortes d'affaires ; non pour blâmer ce qui a été fait dans une
neceffité preffante, mais pour faire voir le bien
qu'on feroit à l'Etat, fi on pouvoit trouver un
moyen de remedier à une femblable neceffité, fans
être obligé d'avoir recours à de pareilles affaires.

Le premier de tous, eft l'injuftice de la Taxe
fur celuy qui ne la doit pas plus qu'un autre qui
ne la paye point, ou qui la paye beaucoup moindre ; & pour laquelle on n'apporte d'autre raifon
que celle du befoin de l'Etat, laquelle eft toûjours bonne par rapport à l'Etat ; mais ce pauvre
Particulier eft fort à plaindre qui paye déja par
tant d'endroits, & qui fe voit encore diftingué par
l'impofition d'une nouvelle Taxe qu'il eft contraint de payer, fans qu'on luy permette de dire
fes raifons.

Le fecond, eft l'Ufure que les Traitans exigent
de celuy qui paye, qui eft le Particulier, & e celuy qui reçoit, qui eft le Roy, qui ne va pas
moins qu'au quart du total, & fouvent plus.

Le troifiéme, font les frais des Contraintes, qui

montent souvent plus haut que le principal même.

Le quatriéme, consiste aux Rentes, Gages & Appointemens dont le Roy a augmenté ses dettes, par tant de créations de Charges, d'Offices & de Rentes sur l'Hôtel de Ville de Paris, sur les Postes, les Tontines ; les Augmentations de Gages, &c.

Le cinquiéme, en ce qu'on a affranchi un grand nombre de gens de la Taille, dont l'exemption retombe directement sur les Peuples, & indirectement sur le Roy.

Le sixiéme, en ce qu'en achevant de ruiner ceux qui avoient encore quelque chose, il n'y a plus ou trés-peu de ressource pour les Païsans, qui dans les pressans besoins avoient recours à eux.

Et le septiéme, en ce que les Affaires extraordinaires ayant produit une multitude de petits Impôts sur toutes sortes de Denrées, ont troublé le Commerce, en diminuant notablement les consommations. Aussi l'experience a fait connoître que de semblables Impôts ne sont bons que pour enrichir les Traitans, fatiguer les Peuples, & empêcher le debit des Denrées ; & ne portent que peu d'argent dans les Coffres du Roy.

Ainsi toutes les affaires extraordinaires de quelque maniere qu'on les tourne, sont toûjours également mauvaises pour le Roy & pour ses Sujets.

Il y a même encore une remarque à faire, non moins importante que les précedentes, qui est, que la Taille, le Sel, les Aydes, les Doüanes, &c. peuvent bien être continuées, en corrigeant les

abus qui s'y font introduits; mais cela ne peut être
fait à l'égard des affaires extraordinaires, qui ne se
peuvent pas répeter d'une année à l'autre, du moins
fous les mêmes titres. C'est pourquoy quelque
quantité qu'on en puisse faire, on est assuré d'en
trouver bien-tôt la fin. Et c'est apparemment cette consideration qui a donné à nos Ennemis tant
d'éloignement pour la Paix ; car il ne faut pas
douter qu'ils ne fussent bien informez de ce qui
se passoit chez nous.

J'aurois beaucoup de choses à dire sur le mal
que font les Doüanes Provinciales, tant par la
mauvaise situation de leurs Bureaux dans le milieu des Provinces Françoises, que par les excés
des Taxes & les fraudes des Commis; mais je veux
passer outre, & abreger. C'est pourquoy je ne
m'étendray pas là-dessus davantage, non plus que
sur la Capitation, qui pour avoir été trop pressée,
& faite à la hâte, n'a pû éviter de tomber dans de
trés-grands défauts, qui ont considerablement
affoibli ce qu'on en devoit esperer, & produit une
infinité d'injustices & de confusions.

Quel bien le Roy ne feroit-il donc point à son
Etat, s'il pouvoit subvenir à ses besoins par des
moyens aisez & naturels, sans être obligé d'en venir aux extraordinaires, dont le poids est toûjours
pesant, & les suites trés-fâcheuses ?

Comme tous ceux qui composent un Etat, ont
besoin de sa protection pour subsister, & se maintenir chacun dans son état & sa situation naturelle,

il est raisonnable que tous contribuent aussi selon leurs Revenus, à ses dépenses & à son entretien : c'est l'intention des Maximes mises au commencement de ces Memoires. Rien n'est donc si injuste, que d'exempter de cette contribution ceux qui sont le plus en état de la payer, pour en rejetter le fardeau sur les moins accommodez qui succombent sous le faix ; lequel seroit d'ailleurs trés-leger, s'il étoit porté par tous à proportion des forces d'un chacun ; d'où il suit que toute Exemption à cet égard est un desordre qui doit être corrigé.

Aprés beaucoup de réflexions & d'experiences, il m'a parû que le Roy avoit un moyen seur & efficace pour remedier à tous ces maux, presens & à venir.

Ce moyen consiste à faire contribuer un chacun selon son Revenu au besoin de l'Etat ; mais d'une maniere aisée & facile, par une proportion dont personne n'aura lieu de se plaindre, parce qu'elle sera tellement répanduë & distribuée, que quoy qu'elle soit également portée par tous les Particuliers, depuis le plus grand jusqu'au plus petit, aucun n'en sera surchargé, parce que personne n'en portera qu'à proportion de son Revenu.

Ce moyen aura encore cette facilité, que dans les temps fâcheux il fournira les fonds necessaires, sans avoir recours à aucune Affaire extraordinaire, en augmentant seulement la cottité des levées à proportion des besoins de l'Etat. Par exemple, si la cottité ordinaire est le vingtiéme du Revenu,

on

on le mettra au quinziéme ou au dixiéme, à proportion , & pour le temps de la necessité seulement , sans que personne paye jamais deux fois
pour raison d'un même Revenu : & sans qu'il y
ait presque aucune contrainte à exercer pour les
Payemens , parce que le Recouvrement des fonds
se feroit toûjours d'une maniere aisée , trés-natu-
relle , & presque sans frais, comme il se verra dans
la suite.

Je réduits donc cette Contribution generale à
quatre differens fonds.

PREMIER FONDS,

QUI COMPREND LA DIXME
de tous les fruits de la Terre sans exception.

LE premier fonds est une Perception réelle PREMIER
des fruits de la Terre en espece à une cer- FONDS.
taine proportion, pour tenir lieu de la Taille, des
Aydes , des Doüanes établies d'une Province à
l'autre, des Décimes, & autres Impositions. Perception que j'appelleray DIXME ROYALE, qui DIXME
sera levée generalement sur tous les fruits de la *de tous les fruits*
Terre , de quelque nature qu'ils puissent être ; *de la Terre sans*
c'est-à-dire des Bleds , des Vins, des Bois, Prez, *exception.*
Pâturages , &c.

Je me suis rendu à ce Systême aprés l'avoir long-
temps balancé avec les vingtiémes & la Taille réel-

le, parce que tous les autres ont des incertitudes
& des difficultez infurmontables.

Ce qu'on a toûjours trouvé à redire dans l'Impofition des Tailles, & à quoy les Ordonnances
réïterées de nos Rois n'ont pû remedier jufqu'à
prefent, eft qu'on n'a jamais pû bien proportionner l'*Impofition* au *Revenu* ; tant parce que cette
Proportion demande une connoiffance exacte de
la valeur des Terres en elles-mêmes & par rapport
aux voifines, qu'on n'a point pour l'ordinaire &
qu'on ne fe met pas en peine d'acquerir, à caufe
qu'il faudroit employer trop de temps & de peines ; que parce que ceux de qui dépendent les Impofitions, ont toûjours voulu fe conferver la liberté de favorifer qui il leur plairoit, dans les Païs
où la Taille eft perfonnelle. Et pour ce qui con-
cerne les Païs où la Taille eft réelle, une experience feure & bien éprouvée par un fort long-
temps, fait voir que les anciennes Eftimations
n'ont point de proportion au Produit prefent des
Terres ; & qu'il y a une trés-grande difpropor-
tion des Impofitions, non feulement de Paroiffe
à Paroiffe, mais de Terre à Terre dans une même
Paroiffe ; foit que cela foit arrivé, parce que les
Terres, comme le corps humain, changent de
temperament, & ne font pas toûjours au même
degré de fertilité : ou par l'inégalité des fuperficies
boffillées qui diverfifient la qualité des terres à
l'infini ; ou par l'infidélité des Experts-Eftimateurs.
Comme il eft arrivé dans la Generalité de Montau-

ban fous l'Intendance de feu Mr Pelot, lequel voulant réformer les défauts de l'ancien Tarif, fit faire, par Commiſſion du Conſeil, une nouvelle Eſtimation par des Experts qui le tromperent, nonobſtant l'application qu'il avoit euë à les bien choiſir, & tous ſes ſoins & ſon habileté. En ſorte qu'au dire des gens les plus entendus de ce Païs-là, il auroit bien mieux valu pour cette Generalité, qu'il eût laiſſé les choſes en l'état qu'elles étoient, à cauſe des inégalitez de ſon Tarif plus grandes, à ce qu'on prétend, qu'elles n'étoient auparavant.

Il en eſt de même de l'Eſtimation qu'on fit des Terres de Dauphiné en 1639. Il s'y eſt trouvé ſi peu de proportion des unes aux autres, & une ſi grande inégalité, que Mr Bouchu Intendant de cette Province en recommence une autre, à laquelle il travaille avec beaucoup d'application, & une grande exactitude depuis deux ou trois ans. On prétend qu'il luy faudra encore pluſieurs années pour l'achever; & même après qu'il y aura bien pris de la peine & employé bien du temps, il eſt ſûr qu'on s'en plaindra encore. Ce qui doit faire juger de l'extrême difficulté qu'il y a de faire des Eſtimations juſtes de la valeur intrinſeque des Terres, tant en elles-mêmes, que par rapport aux voiſines; & de celles d'une Paroiſſe & d'un Païs à un autre Païs ou Paroiſſe.

De plus, il y a des diſtinctions dans ces Provinces de même qu'en Provence & en Bretagne, de Terres Nobles & de Roture, & de pluſieurs ſortes

Cecy a été écrit en 1699.

E ij

d'exemptions qui n'y conviennent point : Il est de
necessité que tout paye, autrement on ne remediera à rien.

Il sembleroit que dans les Païs où les Tailles
font réelles, les Taillables devroient être exempts
des mangeries & des exactions qu'on voit ailleurs
dans la levée des Tailles ; cependant on s'en plaint
là comme ailleurs, les Receveurs y veulent avoir
leur Paragoüante , & leurs Officiers fubalternes
y font leur Main tout comme ailleurs, fans que
Mr Pelot par exemple , avec fa feverité & fon
exactitude, & tous les Intendans qui font venus
aprés luy dans la Generalité de Montauban , même dans celle de Bordeaux, & autres, y ayent jamais pû remedier efficacement. Cela n'eft pas tout
à fait de même dans le Languedoc & en Provence, parce que ce font Païs d'Etats , mais il y a
du defordre par tout.

On remediera à tous ces inconveniens par la
perception de la Dixme des fruits de la terre en
efpece. C'étoit autrefois le Revenu de nos premiers Rois, & c'eft encore le tribut le plus natu-
rel & le moins à charge au Laboureur & au Païfan.
Il a toûjours une proportion fi naturelle & fi
précife à la valeur prefente de la Terre , qu'il n'y
a point d'Expert ni de Geométre pour habile qu'il
foit, qui en puiffe approcher par fon eftime & par
fon calcul ; fi la terre eft bonne & bien cultivée,
elle rendra beaucoup : au contraire, fi elle eft ne-
gligée, ou qu'elle foit mauvaife, mediocre & fans

culture, elle rendra peu, mais toûjours avec une
proportion naturelle à son degré de valeur. Et
comme cette maniere de lever la Taille & les Aydes ensemble, met à couvert le Laboureur de la
crainte où il est d'être surchargé de Taille l'année
suivante dans le Païs où elle est personnelle, on
doit s'attendre que le Revenu des Terres augmenteroit de prés de moitié, par les soins & la bonne
culture que chacun s'efforceroit d'y apporter; &
par consequent les Revenus du Roy à proportion.

Voila déja le premier défaut de la disproportion
heureusement sauvé, d'une maniere qui n'est point
sujette au changement de la part des hommes.

Le second, qui comprend les Maux qui accompagnent l'Exaction, est aussi banni pour jamais par
l'établissement de ce Systême. Car le Laboureur
& le Païsan ayant payé la Dixme Royale sur le
champ lors de la récolte, comme il fait la Dixme
Ecclesiastique, il ne devra plus rien de ce côté-
là, & ainsi il n'apprehendera plus ni les Receveurs
des Tailles, ni les Collecteurs, ni les Sergens ; &
toutes ces animositez & ces haines inveterées qui
se perpetuent dans les familles des Païsans, à cause
des Impositions non proportionnées de la Taille
dont ils se surchargent chacun à leur tour, cesse-
roient tout d'un coup ; ils deviendroient tous bons
amis, n'ayant plus à se plaindre les uns des autres,
chacun se pourvoiroit de bétail selon ses facultez;
& comme les passages seroient libres de Province
à Province, & de lieu à autre, parce qu'il n'y au-

roit plus de Bureaux d'Aydes , & que les Doüanes
feroient releguées fur la Frontiere ; on verroit bien-
tôt fleurir le Commerce interieur du Royaume par
la grande confommation qui fe feroit, ce qui fourniroit au Laboureur & au Païfan les moyens de
payer leurs Maîtres avec facilité , & de fe mettre
eux-mêmes dans l'aifance.

Il n'eft donc queftion que de voir quel Revenu
ce fonds rendroit,& à quelle cottité il faudroit fixer
cette Dixme.

Pour m'en affurer, j'ay crû qu'il faloit prendre
une Province en particulier pour en faire l'Effay ;
& j'ay choifi celle de Normandie dans laquelle il
y a toutes fortes de Terroir bon, mediocre & mauvais ; & je m'y fuis arrêté d'autant plus volontiers ,
que j'y avois un homme de mes amis de l'exactitude duquel j'étois pleinement affuré. Aprés donc
avoir fait mefurer cette Province fur les meilleures
Cartes, on a trouvé que les trois Generalitez dont
elle eft compofée, fçavoir de Roüen, de Caën &
d'Alençon, qui comprend les deux tiers du Perche ou environ, contenoient 1740 lieuës quarrées
mefure du Châtelet, qui fait la lieuë de 2282 toifes & demie de long, ce qui donne pour la lieuë
quarrée 5 millions 209 mil 806 toifes un quart,
lefquelles réduites en arpens de cent Perches quarrées chacun , & la perche de vingt pieds quarrez
comme cy-devant, & le pied de douze pouces,
font 4688 arpens 82 perches & demie.

La mefure de la Province de Normandie eft

l'Acre. Cet Acre eſt compoſé de 160 perches quarrées, & la perche de vingt-deux pieds quarrez,
mais les pieds ſont differens ; la meſure la plus commune & qu'on a ſuivie, les fait d'onze pouces,
& le pouce de douze lignes. Il faut de cette meſure 679 perches ⅓ en long pour faire la lieuë du
Châtelet, ce qui fait qu'elle contient en quarré
2885 Acres ½, d'où il ſuit que ces 1740 lieuës quarrées doivent contenir cinq millions 21 mil 640
Acres.

Otez-en un cinquiéme pour les Rivieres, Ruiſ-
ſeaux & Chemins, Maiſons Nobles, Bruyeres,
Landes, & mauvais Terroir, montant à un million 4 mil 328 Acres ; reſtera à faire état de quatre millions 17 mil 312 Acres.

On a enſuite examiné ce que pouvoit rendre
l'Acre année commune de dix une dans toute la
Province, le fort portant le foible. Et quoy que des
perſonnes très-experimentées ayent ſoûtenu qu'il
y avoit beaucoup plus de Terres qui rendoient au
deſſus de 150 gerbes à l'Acre, qu'il n'y en avoit qui
rendoient au deſſous de cent, & ainſi que la proportion Geométrique auroit été de mettre l'Acre
à 120 gerbes une année portant l'autre ; cependant comme ce fait a été conteſté par d'autres perſonnes auſſi fort intelligentes, qui ont tenu que la
juſte proportion ſeroit de ne mettre les terres qu'à
90 gerbes par Acre, à cauſe de la mauvaiſe culture où elles ſont pour la plûpart ; on s'eſt réduit à
cet avis, parce que dans un Syſtême ſemblable à

celuy-cy, on ne doit rien avancer qui ne foit communément reçû pour veritable.

Aprés quoy il a fallu examiner ce qu'il faloit de
ces gerbes ordinaires pour faire un boiſſeau de Bled
année commune. Mais comme le boiſſeau eſt une
meſure fort inégale en Normandie, on l'a réduite
au poids qui eſt égal par toute la Province, & on
a trouvé d'un conſentement unanime, que cinq
gerbes année commune de dix une, feroient au
moins un boiſſeau peſant cinquante livres.

La livre de Bled vaut année commune un ſol à
Roüen & ailleurs. Donc la Dixme de 90 gerbes
rendra 90 ſols.

Mais parce que les Terres ne ſe chargent pas
toutes les années, & qu'en pluſieurs cantons de la
Province elles ne portent du Bled que de trois
années l'une; on a jugé que dans cette ſuppura-
tion on ne devoit compter que deux années de
trois, parce que la Dixme de menus Grains de la
ſeconde année, jointe à la verte des trois années
miſes enſemble, & à celle des Légumes, peuvent
valoir l'année de Bled. Ces deux années feront
donc 9 livres, leſquelles diviſées en trois donneront pour chaque année trois livres par Acre, ce
qui eſt environ quarante ſols par Arpent.

Il eſt vray qu'il y a quantité de Bois en Normandie, & que ce ſeroit ſe tromper d'en mettre
l'Acre ſur le pied des Terres labourables; mais
comme il y a auſſi une grande quantité de Prairies & de Pâtures qui rendent bien plus que les
Terres

Terres labourables, l'un peut compenser l'autre.

D'où il suit que ces quatre millions dix-sept mil trois cens douze Acres dixmables , rendroient douze millions cinquante-un mil neuf cens trente-six livres , à les compter sur le pied du dixiéme , cy . . . . 12051936 liv.

Or le Roy ne tire de la Province de Normandie que quatre millions pour les Tailles , & environ deux millions sept cens mil livres pour les Aydes & Traites Foraines ; sans compter ce qu'il en coûte au Peuple pour la levée de ces Droits , qui doit aller au quart des Impositions pour le moins, par le nombre de Sergens & de Gardes que les Receveurs des Tailles & des Aydes employent.

Donc cette Dixme excederoit ce que le Roy tire de la Taille & des Aydes , de la somme de cinq millions trois cens cinquante-un mil neuf cens trente-six livres.

Quoy que j'aye trouvé ce calcul bien juste ; neanmoins comme dans une affaire de cette importance il est à propos de se bien assurer , & de voir , si ce qu'on croit vray dans la speculation, l'est aussi dans la pratique. J'écrivis qu'il faloit mesurer une lieuë quarrée de tous sens , dans un terrain qui ne fût ni bon ni mauvais , & voir ce qu'elle rendoit actuellement de Dixme Ecclesiastique. C'est ce qui fut fait le 24. Septembre 1698. à quatre lieuës au dessus de Roüen , par mon amy accompagné de gens habiles & entendus dans l'Ar-

F

pentage. On ne pût faire une lieuë de tous sens, parce que le Païs est trop coupé par des Bois; mais on fit exactement une demie lieuë, qui enferma les deux·Villages & Paroisses de RENINVILLE & CANTELOUP; c'est-à-dire, 721 Acres sept huitiémes de la mesure cy-dessus, qui font 1172 Arpens quatorze perches ½ à vingt pieds quarrez la perche, comme cy-dessus, ce qui est justement le quart de la lieuë quarrée.

On trouva qu'il y avoit environ un quart de trés-mauvais Terroir; & outtre cela, en Bois & en Communes, cinquante Acres qu'on ne dixmoit point, non plus que les deux Maisons des Seigneurs avec leurs Parcs & enclos; cependant la grosse Dixme de ces deux Paroisses qui·appartient aux Chartreux de Gaillon comme Abbez de Sainte Catherine, est actuellement affermée six cens livres : & la Dixme des Curez a été estimée à huit cens livres, ce qui fait quatorze cens livres; sur quoy on peut faire ce raisonnement.

Si un quart de lieuë quarrée dans un Terroir mediocre, y compris l'étenduë de deux Maisons Nobles & leurs appartenances qui ne payent rien, porte quatorze cens livres de Dixme Ecclesiastique, la lieuë quarrée portera 5600 livres. Donc les 1740 lieuës qui font l'étenduë des trois Generalitez qui composent la Province de Normandie, porteront neuf millions sept cens quarante-quatre mil livres, cy . . . . . 9744000 liv.

Remarques importantes à faire sur cette Experience, pour l'application qu'on en peut faire à tout le Royaume.

Ce qui eſt moins que le calcul cy-deſſus de la
ſomme de Deux millions trois cens ſept mil cent
trente-ſix livres, & cela doit être ainſi. Car la Diſ-
me Eccleſiaſtique ſur laquelle on a fait ce calcul,
ne dixme ni les Bois, ni les Prez, ni les Pâturages, & ne prend que la onziéme gerbe : au lieu
que l'on ſuppoſe la Dixme Royale dixmant les
Prez, les Bois, les Pâturages, même les Légumes
au dixiéme. D'où il ſuit que cette Dixme doit ex-
ceder l'Eccleſiaſtique au moins d'un quart ; & elle l'excedera de plus d'un tiers és lieux où l'Eccleſiaſtique ne ſe leve qu'à la treiziéme gerbe ; &
beaucoup davantage, où l'on ne dixme qu'à la
quinziéme & vingtiéme, comme en Provence,
Dauphiné & ailleurs ; car la cottité de la Dixme
Eccleſiaſtique eſt trés-differente. Ce n'eſt pas que
je prétende que la Dixme Royale ſe doive impoſer à la dixiéme gerbe ; je feray voir cy-aprés les
raiſons qui doivent empêcher de la porter ſi haut.
Mais ce qui eſt dit icy, n'eſt que pour montrer la
proportion entre les Tailles, la Dixme Eccleſiaſtique, & la Dixme Royale.

Cette experience eſt convaincante ; cependant,
j'eſtimay qu'il falloit la pouſſer juſqu'à la Dé-
monſtration ; & pour cela, je donnay ordre qu'on
fiſt Comparaiſon du produit de la Taille & de la
Dixme Eccleſiaſtique, dans une cinquantaine de
Paroiſſes priſes de ſuite dans le même canton de
païs. C'eſt ce qui fut fait dans cinquante-trois, y
compris les deux cy-deſſus, & il ſe trouva que la

La Table de ces cinquante-trois Paroiſſes, & la Compa-raiſon de leur Dixme & de leur Taille, eſt miſe à la fin de ces Memoires.

Dixme Ecclefiaftique excede la Taille dans toutes
ces Paroiffes prifes enfemble, du tiers en fus &
plus; car ces cinquante-trois Paroiffes ne payent
de Taille que *Quarante-fix mil trois cens foixante-
dix livres*, & elles rendent de Dixme Eccléfiaftique
fur le pied des Baux, *Soixante-treize mil quatre-
vingt livres*.

Ainfi les Dixmes excedent les Tailles de la fomme de *Vingt-fix mil fept cens dix livres*, ce qui eft
plus d'un tiers en fus. Et fi la Dixme fe prenoit
au dixiéme, au lieu que l'Ecclefiaftique ne fe prend
qu'à l'onzieme, & qu'on dixmât les Bois, les Pâtures & les Prez : il eft certain que ces cinquante-
trois Paroiffes rendroient le double des Tailles.
Ce qui fait voir que la Dixme Royale au vingtiéme, peut fuffire aux befoins de l'Etat avec les autres fonds qu'on prétend y joindre.

Il eft donc démontré que non feulement cette
Dixme Royale eft fuffifante pour fournir au fonds
des Tailles & des Aydes, mais encore à celuy de
plufieurs autres Impôts qui apportent bien plus de
dommage à l'Etat qu'ils n'y peuvent apporter de
profit, & qui ne font bons qu'à enrichir quelques
Partifans, & entretenir une quantité de faineans
& de vagabons, qu'on pourroit occuper utilement
ailleurs.

OBJECTION. On nous dira peut-être que cette Dixme Royale, ou cette Perception de fruits en efpece, n'eft
pas un fonds prefent comme celuy de la Taille &
des Aydes, & que le Roy pour les neceffitez de

l'Etat a befoin d'un fonds fur lequel il puiffe compter fûrement, comme il fait fur celuy des Tailles, des Aydes, & des Doüanes qu'on paye de Province à autre.

Je conviens que le Roy a befoin d'un fonds prefent & affuré pour pourvoir aux neceffitez de l'Etat, mais je foûtiens que le fonds de la Dixme Royale eft du moins auffi prefent que celuy de la Taille , & qu'il fera toûjours trés-fûr : En voicy la preuve.

La Taille ne fe paye ordinairement qu'en feize mois, encore y a-t'il prefque toûjours dés non-valeurs ; l'experience de ce qui fe paffe entre les gros Décimateurs, comme Évêques , Abbez & Chapitres , & leurs Fermiers Generaux , eft une conviction manifefte , que le Roy pourroit faire remettre ce fonds dans fes Coffres en douze ou quatorze mois fans aucune non-valeur. Car ordinairement le premier terme de payement de ces Fermes eft à Noël, & le fecond à la Pentecôte, ou tout au plûtard à la Saint Jean. Il y en a même qu'on paye tous les mois par avance, tel étoit feu Mr l'Archevêque de Paris, à qui fes Fermiers portoient tous les premiers jours de chaque mois mil piftoles : Plufieurs autres Prélats font la même chofe ou approchant, felon les conditions des Baux qu'ils paffent de leurs Dixmes avec ceux qui les afferment. Or le Roy n'eft pas de pire condition que les gros Décimateurs de fon Royaume , il fera donc payé dans dix mois comme eux, ou au

REPONSE.

La Taille non plus que la Dixme, ne fe peut payer que par la vente des fruits de la Terre.

plûtard dans douze ou quatorze. On peut ajoûter qu'il fera mieux payé, parce qu'il eft notoire qu'on fraude tous les jours la Dixme Ecclefiaftique, & il n'eft pas à préfumer qu'on fraude la Dixme du Roy, pour peu que fes Officiers y veulent tenir la main.

Je fuppofe que cette Dixme Royale fera affermée comme on fait la Dixme Ecclefiaftique, pour trois, fix ou neuf ans : & cela même eft neceffaire, afin que les Fermiers ne puiffent demander aucune diminution pour tous les accidens qui pourroient arriver de gelée, de grêle, d'enmiellure, & autres femblables ; & que le Revenu foit fixe & affuré, comme il l'eft aux Ecclefiaftiques.

FACILITÉ DE LA DIXME ROYALE.

La Dixme eft le meilleur & le plus aifé de tous les Revenus ; le Décimateur n'eft obligé à faire aucune avancé que celle de la levée, & cette avance eft toûjours trés-mediocre par rapport au Revenu ; car trois ou quatre hommes, & deux chevaux dans un Païs mediocrement bon & uni, leveront deux mil gerbes de Bled fans les menus Grains, & il ne faut pour cela que fix femaines de temps au plus. On bat les Grains à fa commodité pendant l'Hyver ; & ceux qui ne font pas preffez de leurs affaires, attendent que la vente en foit bonne pour les debiter.

C'eft pourquoy non feulement le Roy trouvera facilement des Fermiers Generaux pour faire le Recouvrement de ce fonds, mais il fe trouvera encore un grand nombre de Sous-Fermiers, parce

que le Laboureur & le Païfan qui n'auront pas
lieu d'apprehender d'être furchargez de Taille à
caufe de cette Ferme, la prendront d'autant plus
volontiers qu'elle ne les occuperoit que dans le
temps où la Terre n'a pas befoin de culture. Et s'il
plaifoit au Roy de permettre aux Gentilshommes
de pouvoir affermer ces Dixmes fans déroger;
comme ils ont ordinairement befoin de Fourage,
on peut s'affurer que les Dixmes feroient extrêmement recherchées, & que pour un Fermier on
en trouveroit dix.

Les Curez mêmes les prendroient d'autant plus
volontiers, qu'ils acquereroient par là une protection pour la perception de leur propre Dixme,
& qu'ils y trouveroient un profit tout clair, en ce
qu'ils épargneroient les frais de la levée, fi ce n'eft
qu'il leur faudroit peut-être un homme davantage, & un cheval, felon l'étenduë de la Paroiffe,
pour lever cette Dixme avec la leur.

Ce qui s'en-tend comme Sous-Fermiers de la Dixme Royale de leurs Paroiffes feule-ment, avec qui par confequent le Roy n'aura rien à démêler. Les Fermiers Generaux des gros Décima-teurs fçavent par experience, que ce font les Curez qui payent le plus exactement.

Et quand il faudroit une Grange dans chaque
Paroiffe pour enfermer les Dixmes dans les Provinces qui font au-deçà de la Loire, car on ne s'en
fert point au-delà, la dépenfe n'en feroit pas confiderable, dautant que pour mil ou douze cens
livres, on peut bâtir une Grange capable de renfermer une dixme de deux mil livres au moins; &
l'avantage que le Peuple recevroit par cette maniere de lever la Taille, qui auroit toûjours une
proportion naturelle au Revenu des Terres, fans
qu'elle pût être alterée, ni par la malice & par la

paſſion des hommes , ni par le changement des
temps , & qui le délivreroit tout d'un coup de toutes les vexations & avanies des Collecteurs , des
Receveurs des Tailles , & de leurs ſuppôts ; &
tout enſemble des miſeres où le réduit la perception des Aydes comme elles ſe levent , compen-
ſeroit abondamment la dépenſe de la Grange qui
pourroit être avancée par les Fermiers , & repriſe
ſur les Paroiſſes pendant les ſix ou neuf années du
premier Bail , ce qui iroit à trés-peu de choſe.

Au reſte , l'execution de ce Syſtême ſurprendra
d'autant moins , qu'il eſt déja connu par la Dixme
Eccleſiaſtique ; & pour groſſier que ſoit un Païſan,
il comprendra d'abord avec facilité , qu'il eſt pour
luy un bien qu'il ne ſçauroit aſſez eſtimer ; vû que
quand il aura une fois payé cette Dixme Royale
comme il fait l'Eccleſiaſtique , il ſera en repos le
reſte de l'année , & ſans aucune apprehenſion , que
ſous prétexte de deniers Royaux , on luy vienne
enlever le reſte ; & il ne craindra point , quelque
negoce qu'il faſſe , que ſa Taille ſoit augmentée
l'année ſuivante ; ce qui le portera non ſeulement
à bien cultiver ſes poſſeſſions , & à les mettre en
état de rendre tout ce qu'on en peut attendre
quand elles ont eu toutes les façons neceſſaires,
mais encore à ſe ſervir de toute ſon induſtrie pour
ſe mettre à ſon aiſe , & bien élever ſa famille.

Je crois qu'il ne ſera pas hors de propos d'inſerer icy un recit fidêle qui m'a été fait de ce qui
s'eſt paſſé au ſujet de la Banlicuë de Roüen , parce
que

que ceux qui y ont eu le plus de part font encore
en vie, qui pourront en rendre compte au Roy fi
Sa Majefté le veut fçavoir ; rien n'étant capable de
faire concevoir plus vivement, combien font grands
les maux que caufe la Taille perfonnelle.

Ce qu'on appelle la BANLIEUE de Roüen, confifte en trente-cinq ou trente-fix Paroiffes, qui
font aux environs de la même Ville dans l'efpace
d'une bonne lieuë & demie, & en quelques endroits de deux petites lieuës.

Ces trente-cinq Paroiffes font exemptes de Taille pour autant qu'il y en a d'enfermé dans les Bornes de la Banlieuë, qui ne les comprend pas toutes dans toute leur étenduë, mais qui en coupe
quelques-unes, & prefque toutes celles qui font
aux extrêmitez, par des lignes qui fe tirent d'une
borne à l'autre ; & comme elles ont cette Exemption de la Taille commune avec la Ville, elles
payent auffi les mêmes droits d'Entrée pour les
Viandes & les Boiffons qui s'y confomment.

Quoy que cette Exemption ne foit qu'en idée,
comme on le verra incontinent, elle a neanmoins
fait regarder ces Paroiffes avec un œil de jaloufie,
non feulement par leurs voifins, mais même par
Meffieurs les Intendans, qui n'ont pû les voir dans
la tranquillité & dans une abondance apparente,
pendant que les difficultez qui fe trouvent dans la
Répartition & dans la Perception de la Taille,
n'apportent que du trouble & de la defolation
dans les autres.

G

Et parce qu'une des plus grandes de ces difficultez, qui se rencontre trés-souvent, est de sçavoir
à qui l'on fera porter les augmentations que le
Roy met sur les Tailles, ou les diminutions qu'on
est forcé d'accorder à quelques Paroisses qui se
trouvent surchargées ; elle ne s'est presque point
presentée de fois, que l'on n'ait à même temps
voulu examiner l'Exemption des Paroisses de cette
Banlieuë, & Mr de Marillac a été un de ceux qui
s'y est le plus appliqué. Il crût ne pouvoir rien faire de plus juste, & à même temps de plus avantageux pour l'Election de Roüen qui est trés-char-
gée, que de faire porter une partie du fardeau à ces
Paroisses. Mais comme en leur ôtant cette Exemption de la Taille, il falloit les réduire à la condition des autres Taillables, c'est-à-dire les décharger des droits de Consommation & d'Entrée ; on
s'arrêta moins à l'examen de l'Exemption, qu'à la
diminution qu'il falloit faire au Fermier des Aydes.
Et quand par une discussion exacte on vit que ces
Paroisses, qui n'auroient au plus payé que *Vingt-
cinq mil livres* de Taille, payoient actuellement plus
de *Quarante-cinq mil livres* de droits de Consommation, dont il auroit fallu faire diminution au Fermier des Aydes, on ne trouva plus à propos d'agi-
ter la question de l'Exemption & du Privilege, &
on crût avec raison, qu'il valoit mieux les laisser
vivre comme ils avoient vécu par le passé.

On voit par là qu'on a eu raison de dire que
ce Privilege ou Exemption n'a rien de réel, & qu'il

n'a son exiſtence que dans l'idée de ceux qui en
joüiſſent ; parce qu'il les tire de la vexation , qu'ils
regardent comme neceſſairement attachée à l'impoſition & à la levée des Tailles.

Les Habitans des Paroiſſes de cette Banlieuë ne
comptent pour rien cette ſurcharge de Droits , ni
toutes les Avanies qui leur ſont faites par les Commis des Aydes, qui inventent tous les jours de nouveaux moyens de s'attirer des confiſcations qu'il
eſt preſque impoſſible d'éviter. Cependant tant
que ces Habitans ſeront maîtres de fixer leur impoſition par rapport à la bonne ou mauvaiſe chere qu'ils feront, & qu'ils ne payeront rien en ne
bûvant que de l'eau , & ne mangeant que du pain
ſi bon leur ſemble, ils ſeront contents de leur ſort,
& feront envie à leurs voiſins.

On ſe plaint par tout & avec raiſon de la ſupercherie & de l'infidélité avec laquelle les Commis des Aydes font leurs Exercices. On eſt forcé
de leur ouvrir les portes autant de fois qu'ils le
ſouhaitent ; & ſi un malheureux pour la ſubſiſtance de ſa famille, d'un muid de Cidre ou de Poiré,
en fait trois , en y ajoûtant les deux tiers d'eau ,
comme il ſe pratique trés-ſouvent, il eſt en riſque
non ſeulement de tout perdre , mais encore de
payer une groſſe amende , & il eſt bienheureux
quand il en eſt quitte pour payer l'eau qu'il boit.

Tout cela neanmoins n'eſt compté pour rien ,
quand on conſidere que dans les Paroiſſes Taillables,
bles, ce n'eſt ni la bonne ou mauvaiſe chere, ni

la bonne ou mauvaife fortune qui réglent la pro=
portion de l'Impofition, mais l'envie, le fupport,
la faveur, & l'animofité ; & que la veritable pauvreté ou la feinte, y font prefque toûjours également accablées. Que fi quelqu'un s'en tire, il faut
qu'il cache fi bien le peu d'aifance où il fe trouve,
que fes voifins n'en puiffent pas avoir la moindre
connoiffance. Il faut même qu'il pouffe fa précaution jufqu'au point de fe priver du neceffaire, pour
ne pas paroître accommodé. Car un malheureux
Taillable eft obligé de préferer fans balancer la
pauvreté à une aifance, laquelle aprés luy avoir
coûté bien des peines, ne ferviroit qu'à luy faire
fentir plus vivement le chagrin de la perdre, fuivant le caprice ou la jaloufie de fon voifin.

Enfin les Habitans des Paroiffes de la Banlieuë,
fe pourvoyent d'un habit contre les injures de l'Air,
fans craindre qu'on tire de cette précaution des
confequences contre leur fortune ; pendant qu'à
un quart de lieuë de leur maifon, ils voyent leurs
voifins qui ont fouvent bien plus de terres qu'eux,
expofez au vént & à la pluye avec un habit qui
n'eft que de lambeaux, perfuadez qu'ils font, qu'un
bon habit feroit un prétexte infaillible pour les fur-
charger l'année fuivante.

Je puis encore rapporter icy ce que j'ay appris
en paffant à Honfleur, qui eft que les Habitans
pour fe fouftraire aux miferes & à toutes les vexations qui accompagnent la Taille, fe font non feulement abonnez pour la fomme qu'ils avoient de

coûtume de payer chaque année qui eſt de vingt-ſept mil livres ; mais qu'ils ſe ſont encore chargez, pour obtenir cet Abonnement, d'une ſomme de cent mil livres, qu'ils ont empruntée, & dont ils payent l'intereſt, pour fournir aux réparations de leur port, tant les deſordres cauſez par l'impoſition & la levée des Tailles, leur a parû inſupportable.

Aprés quoy, pour faire application de tout ce qui vient d'être dit de la Dixme Royale, ſur l'experience faite en Normandie, à tout le Royaume en general, voicy comme je raiſonne.

La France de l'étenduë qu'elle eſt aujourd'huy, bien meſurée, contient TRENTE MIL LIEUES QUARRE'ES meſure du Châtelet de Paris. Otons-en un cinquiéme pour les Rivieres, les Chemins, les Hayes, les Maiſons Nobles, les Landes & Bruyeres, & les autres Païs qui ne rendent rien ou peu de choſe ; reſtera vingt-quatre mil lieuës dixmables, leſquelles ſur le pied de l'Eſſay cy-deſſus, qui eſt de 5600 livres par lieuë quarrée pour la Dixme Eccleſiaſtique ſeulement, ſur le pied de l'onziéme gerbe, doivent rendre, CENT TRENTE-QUATRE MILLIONS QUATRE CENS MIL LIVRES, & beaucoup davanta-

Cette ſouſtraction d'un cinquiéme, n'a point été faite dans l'Eſſay cy-deſſus de la lieuë quarrée, page 42. & l'on n'y a compté que ſur le Produit effectif de la Dixme Eccleſiaſtique : mais elle s'y eſt faite naturellement, tant par le mauvais Ter-

roir, les Bois & les Communes qui ſe ſont rencontrées dans cette eſpace de Terre, que par les deux Maiſons Nobles, & leurs Parcs ou Enclos qu'elle a enfermé ; & c'eſt ce qui ſe fera toûjours par tout. D'où il eſt manifeſte qu'il n'étoit point abſolument neceſſaire de faire aucune ſouſtraction. On l'a faite neanmoins pour mettre le Syſtême de la DIXME ROYALE à couvert de toute critique à cet égard, & en rendre ſon utilité d'autant plus ſenſible & évidente.

ge en dixmant les Bois, les Prez & les Pâturages.

On verra cy-
aprés dans la
deuxiéme Ta-
ble, que ce fonds
réduit à CIN-
QUANTE MIL-
LIONS, & les au-
tres à propor-
tion, est encore
suffisant.

Je réduits cette somme à SIX-VINGT MILLIONS ;
& au lieu de la Dixme entiere, je ne donne à ce
premier Fonds qu'une demie Dixme, c'est-à-dire
le VINGTIE'ME ; sauf à en augmenter la cottité
dans les besoins de l'Etat, comme il a été dit, &
qu'il sera montré cy-aprés. Ainsi cet article pas-
sera pour Soixante millions de livres pour le premier Fonds, cy . . . . 60000000 liv.

SECOND FONDS,

QUI COMPREND LA DIXME du Revenu des Maisons des Villes & gros Bourgs du Royaume ; des Moulins de toutes especes ; celle de l'Industrie ; des Rentes sur le Roy ; des Gages, Pensions, Appointemens, & de toute autre sorte de Revenu non compris dans le premier Fonds.

SECOND
FONDS.

INDUSTRIE ;
GAGES ; PEN-
SIONS ; RENTES,
& autres sortes
de Revenus non
compris dans le
premier Fonds.

LEs Tailles & les Aydes, dans lesquelles je
comprens les Doüanes Provinciales, étant
ainsi converties en Dixme du vingtiéme des fruits
de la Terre à percevoir en espece, il se trouvera
encore plus de la moitié du Revenu des Habitans du Royaume qui n'aura rien payé, ce qui seroit faire une injustice manifeste aux autres : parce qu'étant tous également Sujets, & sous la protection du Roy & de l'Etat, chacun d'eux a une

obligation speciale de contribuer à ses besoins à proportion de son Revenu, ce qui est le fondement de ce Système. Car d'autant plus qu'une personne est élevée au dessus des autres par sa naissance ou par sa dignité, & qu'elle possede de plus grands biens, d'autant plus a-t'elle besoin de la protection de l'Etat, & a-t'elle interest qu'il subsiste en honneur & en autorité ; ce qui ne se peut faire sans de grandes dépenses.

Il n'y a donc qu'à débroüiller le Revenu de chacun, & le mettre en évidence, afin de voir comment il doit être taxé.

Ce que je dois dire à cet égard suppose un Dénombrement exact de toutes les personnes qui habitent dans le Royaume. Ce n'est pas une chose bien difficile, elle se trouveroit même toute faite, si tous les Curez avoient un Etat des Ames de leurs Paroisses, comme il leur est ordonné par tous les bons Rituels ; mais au défaut, je pourray joindre à ces Memoires un Modêle de Dénombrement, dont la pratique sera trés-aisée.

On le trouvera à la fin de ces Memoires.

Toutes les personnes qui habitent le Royaume sont ou Gens d'Epée, ou de Robbe longue ou courte, ou Roturiers.

Les Gens d'Epée sont les Princes, les Ducs & Pairs ; les Maréchaux de France & grands Officiers de la Couronne ; les Gouverneurs & Lieutenans Generaux des Provinces ; les Gouverneurs & Etats Majors des Villes & Places de Guerre : Tous les Officiers & Gens de Guerre, tant de Terre que de

Mer ; & tous les Gentilshommes du Royaume.

Les Gens de Robbe font ou Ecclefiaftiques ou Officiers de Juftice., de Finances & de Police.

Les Roturiers font ou Bourgeois vivans de leurs biens & de leurs Charges , quand ils en ont ; ou Marchands ; ou Artifans ; ou Laboureurs ; ou enfin Manœuvriers & gens de Journée.

Toutes ces perfonnes dans leurs differentes conditions, ont du Revenu dont elles fubfiftent & font fubfifter leurs familles ; & ce Revenu confifte , ou en Terres & Domaines , en Maifons, Moulins, Pefcheries , Vaiffeaux ou Barques : Ou en Penfions, Gages, Appointemens & Gratifications qu'ils tirent du Roy , ou de ceux à qui ils font attachez par un fervice perfonnel, ou autrement. Ou dans les émolumens de leurs Charges & Emplois ; ou dans leur Negoce. Ou enfin dans leurs bras , fi ce font des Artifans , ou gens de Journée.

Il n'eft donc queftion que de découvrir quels font ces Revenus , pour en fixer & percevoir la DIXME ROYALE. Et c'eft à quoy je ne penfe pas qu'on trouve bien de la difficulté , fi on veut s'y appliquer ; & que le Roy veüille bien s'en expliquer par une Ordonnance fevere qui foit rigidement obfervée, portant confifcation des Revenus recelez & cachez ; & la peine d'être impofé au double, pour ne les avoir pas fidélement rapportez. Moyennant quoy, & le châtiment exemplaire fur quiconque ofera éluder l'Ordonnance, & ne s'y pas conformer, on viendra à bout de tout.

Il

Il n'y aura qu'à nommer des gens de bien & capables, bien inftruits des intentions du Roy ; bien payez, & fuffifamment autorifez pour examiner tous ces differens Revenus, en fe tranfportant par tout où befoin fera.

Le détail fuivant ne fera pas inutil à l'éclairciffement de cette propofition.

Premierement. Il n'eft point neceffaire de faire un article feparé pour les Ecclefiaftiques. Car ou les biens qu'ils poffedent & dont ils joüiffent, confiftent en Dixmes, en Terres, en Maifons, en Moulins, en Charges, ou en Penfions.

S'ils confiftent en Dixmes, la Dixme Royale qui fait le premier fonds ayant dixmé la Dixme Ecclefiaftique, ils auront fatisfait par là à la contribution que les Dixmes doivent à l'Etat. Il en eft de même fi leurs biens confiftent en Terres.

Que s'ils confiftent dans les autres chofes cy-aprés mentionnées, ils font au même rang que les autres perfonnes du Royaume qui ont de femblables biens, & ils contribuëront avec eux aux charges de l'Etat en la maniere cy-aprés exprimée.

Deuxiémement. Comme il y a des Rôles & Etats de tous ceux qui tirent des Penfions, Gages, Appointemens, & Dons du Roy, de quelque nom qu'on les puiffe appeller, & de quelque nature qu'ils puiffent être ; comme auffi de quelque qualité ou condition que foit le Donataire, Penfionnaire, Gagifte, &c. il ne fera pas difficile d'en

H

sçavoir le montant de chaque année.

Troisiémement. Les Maisons des Villes & Bourgs du Royaume ; les Moulins, non plus que les Pescheries des Rivieres & Etangs, ne se peuvent cacher. Et ce que je diray cy-aprés, fera voir qu'il n'est pas impossible de sçavoir ce que les Arts & Métiers peuvent rapporter.

Quatriémement. Les Gages de tous les Domestiques de l'un & de l'autre sexe servant dans le Royaume, sont aussi faciles à découvrir.

RENTES.
Il ne sera pas hors de propos de dire icy un mot des Rentes, pour montrer ce qu'il en peut entrer dans ce fonds. Il y en a de deux sortes, les *Seigneuriales* & les *Constituées.*

Des Seigneuriales, les unes sont fixées en Argent, en Grain, en Volaille, &c. & c'est à proprement parler ce qu'on appelle Rentes Seigneuriales. Les autres se levent en espece lors de la Récolte à une certaine cottité, plus ou moins, selon la quantité des gerbes que la terre donne ; & c'est ce qu'on appelle CHAMPART OU AGRIER.

Comme on suppose que la Dixme Royale se leve la premiere, & qu'elle dixme tout ce que la Terre produit, il s'ensuit qu'elle aura dixmé les Rentes Seigneuriales qui ne sont dûës, sur tout en France où il n'y a point de Serfs & d'Esclaves, qu'à cause des fruits de la terre, laquelle n'a été donnée aux vassaux qu'à cette condition. Cela est clair à l'égard des Rentes Seigneuriales de la premiere espece ; un exemple rendra le fait évident pour celles de la seconde.

Suppofons qu'un Seigneur ait droit de Champart au cinquiéme, de six-vingt gerbes il aura droit d'en prendre vingt-quatre. Mais comme la Dixme Royale a dixmé la premiere, & que des six-vingt gerbes, felon nôtre Syftême elle en aura pris fix, il eft manifefte qu'il n'en reftera que cent quatorze, defquelles le droit de Champart ne fera plus que de vingt-deux gerbes ⅘, ce qui démontre qu'il aura payé le vingtiéme du Champart ; ainfi des autres, tant du côté de la Dixme, que du Champart. De forte, que comme une des principales maximes fur lefquelles ce Syftême eft fondé, eft qu'un même Revenu ne paye point deux fois, il s'enfuit que ces Rentes ayant payé dans le premier fonds, ne doivent rien payer dans le fecond.

Il en eft à peu prés de même des Rentes conftituées à prix d'argent, ou par *Dons & Legs*, qui ne doivent entrer dans ce fecond fonds, que pour autant qu'il en doit revenir au Roy de celles qu'il a conftituées fur luy-même, par les Rentes qu'il a créées fur l'Hôtel de Ville de Paris, fur les Tontines, fur les Poftes, fur le Sel, & fur d'autres fonds femblables. Car comme ces Rentes font toutes hypotequées fur des fonds, ou fur des chofes qui tiennent nature de fonds, telles que font les Charges ou Offices de Judicature & de Finances, & que tous ces fonds doivent être fujets à la Dixme Royale ; il s'enfuit que quand elle a été payée fur le fonds en general, on n'a plus rien à demander aux Rentes en particulier.

Un exemple éclaircira pareillement ce fait. Mr Dubois poffede une Terre de fix mil livres de revenu; fuppofons que cette année le Tarif de la Dixme Royale foit à la quinziéme gerbe, & le refte à proportion ; cette Terre devra au Roy ou à fon Fermier, quatre cens livres, qui font la quinziéme partie du total de fon Revenu, ce qui fera levé par la Dixme des fruits, fans avoir égard fi elle eft chargée ou non. Cependant Mr Dubois doit à Mr Desjardins trente mil livres à conftitution de rente, pour lefquelles il luy paye annuellement quinze cens livres, qui font le quart du revenu de cette Terre. Il eft donc évident que cette Rente de quinze cens livres ayant payé la Dixme Royale par la perception de la dixme entiere des fruits de la Terre qui luy eft hypotequée, a fatisfait pour ce qu'elle devoit à l'Etat, & qu'on ne fera pas en droit de la demander à Mr Desjardins.

Il en fera de même des Rentes conftituées par *Dons & Legs* ; comme auffi de celles qui font conftituées fur les Charges de Judicature & de Finances, & fur tous les autres fonds qui font cenfez propres & patrimoniaux.

Mais comme ces Rentes font un revenu d'autant plus exquis & confiderable à ceux qui en font Proprietaires, qu'il eft aifé & facile à percevoir, & que la contribution qu'ils doivent aux befoins de l'Etat, a été avancée par le Proprietaire du fonds fur lequel la Rente eft hypotequée ; il eft jufte que le Roy par une Declaration donne un recours aux Proprietaires des fonds contre ceux des Rentes pour la Dixme Royale qu'ils auront payée à leur décharge ; ce qui ne pourra faire aucune difficulté entr'eux, puifque le Proprietaire du fonds, n'aura qu'à retenir par fes mains ce qu'il aura avancé pour la Dixme de cette Rente. Ainfi Mr Dubois fera en droit de retenir à Mr Desjardins les avances qu'il aura faites pour fa part de la Dixme Royale, & de s'en rembourfer par fes mains ; ce qui ne donne aucun lieu d'entrer dans les interêts particuliers des familles.

Aprés quoy, pour venir à l'eftimation de chacune des parties de ce fecond fonds, & fçavoir à peu prés ce qu'il pourroit rendre, voicy comme je m'y prens.

Je commenceray par les Maifons des Villes & gros Bourgs du Royaume.

Soit qu'elles foient habitées par ceux à qui elles MAISONS. appartiennent, ou qu'elles foient loüées, il eft jufte qu'on paye la Dixme Royale, ou le VINGTIE'ME du loüage ; ou de l'intereft pris fur le pied de leur valeur, le CINQUIE'ME de l'intereft ou du loüage déduit pour les Réparations.

Un Proprietaire par exemple loüé une maifon 400 livres, le cinquiéme qui eft quatre-vingt livres, luy fera laiffé pour les réparations & entretiens, ainfi il ne fera fait compte que de trois cens vingt livres pour la Dixme au vingtiéme, qui portera par conſequent ſeize livres.

Si le Proprietaire occupe luy-même ſa maiſon, il ſera aiſé d'en ſçavoir la valeur; ou par les loüages précedens; ou par le Contrat d'achat qui en a été fait, ou par l'eſtimation qu'on en fera par rapport à ſa ſituation, au nombre de ſes étages, à la ſolidité de ſa ſtructure, & au prix des maiſons voiſines qui ſont dans la même ſituation, & qui ont même front à ruë. Cette eſtimation réglée, on ſçaura en même temps quel doit être l'intereſt, dont on ôtera le cinquiéme pour les réparations, & le ſurplus payera la Dixme.

Pour venir maintenant à la connoiſſance de ce que toutes les Maiſons des Villes & Bourgs du Royaume pourroient rendre.

Je ſuppoſe qu'on peut faire compte au moins de HUIT CENS *Villes ou gros Bourgs* dont les Maiſons peuvent être eſtimées; & on peut encore ſuppoſer ſans crainte de ſe tromper, qu'il y a dans chacune de ces Villes ou Bourgs le fort portant le foible, *quatre cens* Maiſons, ce qui fait en tout TROIS CENS VINGT MIL MAISONS.

S'il eſt vray comme on l'aſſure, qu'il y ait dans Paris ſeul, VINGT-QUATRE MIL Maiſons à front de ruë, ſans celles qui ſont ſur les derrieres, dont

Comme je comprends dans ce nombre les Maiſons de toutes les grandes Villes, même celles de Paris; on peut hardiment ſuppoſer qu'elles pourront être loüées CENT LIVRES chacune, l'une portant l'autre, déduction faite du cinquiéme pour les Entretiens & Réparations. Ainſi cet article feroit une ſomme de TRENTE-DEUX MILLIONS, dont la Dixme au vingtiéme donneroit SEIZE CENS MIL LIVRES; qui eſt aſſurément le moins qu'on puiſſe eſtimer toutes les Maiſons des Villes & gros Bourgs du Royaume priſes enſem-ble, cy . . . . . 1600000 liv.

on ne fera aucun compte; Que de ce nombre il y en ait au moins QUATRE MIL à porte Cochere qui ne peuvent ê-

tre moins eſtimées de loüage, l'une portant l'autre, que DEUX MIL livres, déduction faite du cinquième pour les Entretiens & les Réparations; & les vingt mil autres à SIX CENS livres. Il s'enſuit que les Maiſons de Paris ſeul rendroient à la Dixme Royale au vingtiéme, un Million de livres au moins.

Comme on a dit que la ſuperficie du Royaume contenoit trente mil lieuës quarrées, & chaque lieuë 550 perſonnes au moins; on ne peut moins donner que deux Moulins à chaque lieuë quarrée, chacun deſquels pourra rendre d'afferme, l'un portant l'autre, pour le Maître & pour les Valets, trois cens trente livres. Mais parce que de ſemblable bien eſt ſujet à de grandes réparations, & qu'il n'eſt eſtimé pour l'ordinaire qu'au denier dix ou douze; je ſuppoſe qu'on doit laiſſer *le quart* pour les Réparations, ainſi les ſoixante mil Moulins ſeront eſtimez rendre annuellement, QUATORZE MILLIONS HUIT CENS CINQUANTE MIL LIVRES, dont la Dixme au vingtiéme portera ſept cens quarante-deux mil cinq cens livres, cy . . . . . . 742500 liv.

MOULINS.

Il eſt à remarquer qu'on ne forme l'article précedent que des Moulins à Bled, & qu'il reſte encore des Forges, Martinets, & Eenderies; les Moulins à Huile, Batoirs à Chanvre & à Ecorces;

les Sciries à eau , Moulins à Papier ; Emouloirs ;
Fouleries de Draps , Poudreries ; & telles autres
Uſines dont le revenu payeroit la Dixme Royale
au vingtiéme comme les Moulins à Bled , ce qui
rendra encore une ſomme aſſez conſiderable , que
nous laiſſerons pour ſupplément de l'article précedent.

BASTIMENS de Mer. Il eſt juſte que les Bâtimens de Mer & de Rivieres de toutes eſpeces , payent auſſi la Dixme Roya-
le , qui étant impoſée à cinq ſols par tonneau ,
pourra monter à la ſomme de trois cens mil livres ,
cy   .   .   .   .   .   300000 liv.

PESCHERIES & ETANGS. On peut faire état que les Peſcheries & Etangs
du Royaume pourront auſſi monter à cinquante
mil livres , cy   .   .   .   .   50000 liv.

Une des principales Maximes qui fait le fondement de ce Syſtême , eſt que tout Revenu doit
contribuer proportionnellement aux beſoins de
l'Etat. Perſonne ne doute que les Rentes conſti-
tuées ne ſoient un excellent Revenu qui ne coûte qu'à prendre ; il n'y a donc aucune difficulté , qu'elles doivent contribuer aux beſoins de
l'Etat.

Et c'eſt la raiſon pour laquelle , aprés avoir montré cy-devant que ces Rentes avoient payé la Dixme Royale avec les fonds ſur leſquels elles étoient
hypotequées , nous avons établi la juſtice qu'il y
avoit de donner un recours aux Proprietaires de
ces

ces fonds, fur ceux à qui ils payent des Rentes conftituées pour la Dixme Royale de ces mêmes Rentes qu'ils avoient avancées en payant la Dixme de leurs fruits. Le Roy ne doit pas être à cet égard de pire condition que fes Sujets ; & comme la neceffité des affaires de l'Etat l'a obligé de conftituer diverfes Rentes fur l'Hôtel de Ville de Paris, fur les Poftes, fur les Tontines, fur le Sel, & fur d'autres fonds qu'il paye fort exactement; comme auffi quantité d'augmentations de Gages envers la plûpart des Officiers de Judicature du Royaume, lefquelles tiennent à peu prés la même nature de Rente ; il eft jufte qu'il ait la même faculté que fes Sujets, & qu'il en retienne par fes mains la Dixme Royale; même des Penfions perpetuelles que Sa Majefté s'eft impofée en faveur de fes Ordres de Chevalerie.

Rentes conftituées fur le Roy.

Il y a des perfonnes fort habiles qui craignent que fi on impofoit la Dixme fur les Rentes de l'Hôtel de Ville, & autres de pareille nature, cela pourroit les décrediter & leur faire du tort; mais c'eft une erreur, attendu que ces Rentes qui fe payent en argent comptant & à point nommé au bout du terme préfix, font un Revenu beaucoup plus commode & plus agréable que celuy des fonds de Terre, qui ne fe recueillant qu'en Denrées fur un pied bien plus bas, font encore fujets à plufieurs accidens, & à beaucoup de Réparations; ce qui en rend la joüiffance moins avantageufe en toute maniere. Ainfi loin de leur nuire, je ne fçay pas fi on ne devroit pas craindre que la trop grande abondance, & la commodité de ces Rentes, ne nuife à la valeur des fonds de Terre, & qu'elle n'en faffe encore baiffer le prix plus qu'il n'eft.

Leur grand nombre fait que ce fonds ne laiffera pas d'être confiderable. Et comme on fait état que ces Rentes & les Augmentations de Gages peuvent monter toutes les années à vingt millions, nous mettrons icy pour la DIXME ROYALE au vingtiéme, un million, ce qui fera pour la feconde partie de ce fonds, cy . . 1000000 liv.

On fuppofe avec raifon que toutes les Rentes font conftituées fur des fonds. Cependant il m'eft revenu, qu'il y a plufieurs Communautez Ecclefiaftiques ou Religieufes qui empruntent de l'argent à conftitution, fans avoir d'autre fonds que leur fçavoir faire, & le Cafuel de leur Sacriftie, mais c'eft ce qui eft bien difficile à démêler,

I

PENSIONS, GAGES, DONS, GRATIFICATIONS, &c. La troisiéme partie de ce fonds doit être faite de la Dixme au vingtiéme de toutes les Pensions, Gages, Dons, Gratifications, & generalement de tout ce que le Roy paye à tous ses Sujets, de quelque rang, qualité & condition qu'ils soient. Ecclesiastiques ou Laïques, Nobles ou Roturiers, tous ont la même obligation envers le Roy & l'Etat; c'est pourquoy tous doivent contribuer à proportion de toutes les sortes de biens qu'ils reçoivent, à son entretien & à sa conservation; & particulierement de celuy-cy qui leur vient tout fait.

Ainsi cet article comprend les Princes du Sang, & les Etrangers; les Ducs & Pairs, & les grands Officiers de la Couronne; les Ministres & Secretaires d'Etat; les Intendans des Finances; les Gouverneurs & Lieutenans Generaux & Particuliers des Provinces; les Gouverneurs, Lieutenans de Roy, & Etats Majors des Villes & des Places; les Conseillers d'Etat; Maîtres des Requêtes; les Intendans ou Commissaires départis dans les Provinces; tous ceux qui composent les Cours Superieures & Subalternes du Royaume; & generalement tous les Officiers de longue & courte Robbe, de Justice, Police & Finances; Nobles ou Roturiers; grands ou petits, qui tirent Gages ou Appointemens du Roy, Pension, ou quelque bienfait, dautant que tous doivent se faire honneur & plaisir de contribuer aux besoins de l'Etat, à sa conservation, à son Agrandissement, & à tout ce qui peut l'honorer & le maintenir.

J'eftime que ce que le Roy paye chaque année au Titre cy-deffus exprimé de Penfions, Gages, Appointemens, &c. fe monte à QUARANTE MILLIONS ; c'eft une chofe aifée à fçavoir, dont la Dixme eftimée fur le pied du vingtiéme, rendroit deux millions, cy . . . 2000000 liv.

Je compoferay la quatriéme partie de ce fonds des Gages & Appointemens de tous les Serviteurs & Servantes qui font dans le Royaume, à compter depuis les plus vils, & remontant jufques aux Intendans des plus grandes Maifons, même des Princes du Sang & des Enfans de France, lefquels ne fubfiftans tous que fous la protection de l'État, doivent comme leurs Maîtres contribuer à fon entretien, ainfi qu'il fe pratique dans les Etats voifins. Je fuis même perfuadé qu'on doit obliger les Maîtres qui ne donnent point de Gages à leurs Domeftiques, de payer pour eux à proportion des Gages qu'ils devroient leur donner.

GAGES & APPOINTEMENS DES DOMESTIQUES.

Il y a auffi des gens qui ont de la répugnance pour cet article, mais à mon avis mal à propos ; parce que c'eft à proprement parler l'une des conditions du bas Peuple la plus heureufe. Ils ne font jamais en foin de leur boire & de leur mâger, non plus que de leurs habits, cou-

Or je fuppofe qu'il y a certainement dans le Royaume quinze cens mil Domeftiques des deux fexes, dont les gages eftimez à vingt livres les uns portant les autres, ce qui eft peu, car il n'y en a gueres au deffous de ce pied, feroient tren-

cher & lever, ce font les Maîtres qui en font chargez. Auffi voit-on toûjours plus de gayeté dans les Valets que dans les Maîtres.

En Hollande non feulement les Valets & Servantes payent, mais même les Chiens, pour chacun defquels le Maître payoit en 1679. aprés la Paix de Nimegue, un Efcalin par an, faifant fept fols fix deniers de nôtre Monnoye en ce temps-là.

te millions de livres, dont le vingtiéme portera un million cinq cens mil livres, cy . . 1500000 liv.

EMOLUMENS DES OFFICIERS DE JUSTICE, & DE LEURS SUP-POSTS.

Comme on fçait ce que les Charges du Royaume donnent de Gages & d'Appointemens, il est de même affez aifé de fçavoir ce qu'elles produifent d'Emolumens, fur tout dans toutes les Compagnies Superieures & Subalternes du Royaume où il y a des Receveurs des Epices, & où ce que les Juges ou Commiffaires tirent des Parties, eft enregiftré, ou le doit être ; ce qui donnera une Dixme trés-confiderable fur le même pied du vingtiéme.

Ne pourroit-on pas régler la Taxe de ceux-cy fur la quantité de papier marqué qu'ils employent à leurs Expeditions ? Il me paroît du moins que c'eft un moyen fûr pour avoir connoiffance de leur Pratique, & des affaires qui leur paffent par les mains ; ou en telle autre maniere, que le Premier Prefident de cha-

Mais il y aura plus de difficulté de découvrir ce que l'induftrie de la plume rend à ceux qui ne tirent aucuns émolumens fujets à être enregiftrez ; comme font les Procureurs & les Avocats des Parlemens, & autres Cours Superieures, & de toutes les Jurifdictions & Sieges inferieurs & fubalternes, qui ne laiffent pas de gagner beaucoup. Il y faudroit proceder par eftimation fondée fur la quantité d'affaires que les uns font plus que les autres, & abonner avec eux pour la *Dixme Royale* aprés qu'on en fera convenu. C'eft fur quoy peu de gens feront bien traitables ; mais fi on impofe la peine au double, même l'interdiction de la pratique à ceux qu'on convaincra de n'avoir pas déclaré jufte, on en viendra à bout.

que Cour Superieure, avec deux ou quatre Confeillers députez du Corps ; & l'Intendant avec le Chef des Sieges fubalternes, jugeroient à propos, comme il fe pratique prefentement pour la Capitation de 1701.

A l'égard des Procureurs des Cours Superieures & subalternes qui font Corps, il seroit plus à propos d'estimer le revenant bon de leur Pratique en gros, sur un pied modique & raisonnable, pour être reparti ensuite par eux-mêmes, suivant les connoissances particulieres qu'ils ont des pratiques d'un chacun.

Par exemple, il y aura dans un Parlement cent Procureurs, dont la Pratique sera bien petite si on ne les peut mettre, les uns portant les autres, à cent écus ; la *Dixme Royale* au vingtiéme ne laisseroit pas de porter quinze livres pour chacun, & QUINZE CENS LIVRES pour tous. Ainsi des autres.

Les Notaires seront imposez de même que les Procureurs, chacun à proportion de ce que son employ peut luy rendre. C'est ce qu'il faut estimer judicieusement avec un esprit de charité, en prenant les choses sur le plus bas pied ; parce qu'il y a toûjours beaucoup d'inégalité dans le sçavoir faire des hommes. C'est la régle generale qu'il faut observer dans toutes ces Estimations, mais principalement envers les Avocats, dont les talens sont fort differens ; & generalement envers tous les gens de Robbe & de Plume.

De tout ce qui vient d'être dit sur cet article, je compte qu'on peut faire état, que les Epices & honoraires que prennent les gens de Justice, de Police, & Finances ; & ce que les Avocats, Procureurs, Notaires, & tous autres gens de Plume & de Pratique, retirent de leurs Emplois par tout

J'estime que cet article sera le plus difficile de tous ; mais aprés tout, ils ne pourront éviter de s'abonner, & cela sera moins difficile qu'on ne croit, en usant un peu d'autorité, ou en pratiquant ce qu'on a fait dans la Capitation.

le Royaume, peut aller à dix millions, dont la *Dixme Royale* au vingtiéme, sera de . . 5ooooo liv.

COMMERCE. Je laisse en surséance l'article du Commerce, sur lequel je serois d'avis de n'imposer que trés-peu, & seulement pour favoriser celuy qui nous est utile, & exclure l'inutile qui ne cause que de la perte. Le premier est desirable en tout & par tout dedans & dehors le Royaume; & l'autre est ruineux & dommageable par tout où il s'exerce. Il faut donc exciter l'un par la protection qu'on luy donnera, l'accroître & l'augmenter; & interdire l'autre autant que la bonne correspondance avec les voisins le pourra permettre.

Depuis cecy écrit,il a été établi des Chambres de Commerce dans les grandes Villes du Royaume qui en font le plus; & une Chambre Roïale à Paris, C'est pourquoy je ne proposeray rien de déterminé sur le fait du Commerce, pour la conservation duquel il seroit à souhaiter qu'il plût au Roy de créer une Chambre composée de quelques anciens Conseillers d'Etat, & de deux fois autant de Maîtres des Requêtes, choisis avec tous les Subal-

le à Paris, où il y a un Député de chacune de ces Villes. Mais afin que ces Chambres pussent produire le bon effet que l'on en avoit attendu, il seroit à souhaiter qu'il ne se fist aucune Innovation un peu considerable, soit dans les Manufactures, soit dans le Commerce, sans avoir demandé leur avis.

Ce qui est d'autant plus important pour le service du Roy & le bien de l'Etat, que l'experience du Passé a fait connoître que les Traitans pour leurs interêts particuliers, ont souvent proposé l'établissement de certains Impôts qui ne paroissoient pas d'abord considerables, lesquels dans la suite ont fait & font un tres-grand mal au Peuple & à l'Etat, & apportent trés-peu de Finances au Roy. Comme il est arrivé, par exemple, des Impôts mis sur les Chapeaux & sur les Cartes, qui ont presque anéanti ces Manufactures en France, & les ont fait passer dans les Païs Etrangers avec les Ouvriers qui s'y sont retirez, au nombre de plus de dix mil de la seule Province de Normandie, au dire des Maîtres & Gardes de ces Métiers; lesquels en fournissent à present les Nations qui en venoient prendre chez nous; ce qui est une perte trés-considerable pour le Royaume. Ainsi des autres.

ternes neceſſaires, qui auroient leurs correſpon-
dances établies dans les Provinces & grandes Villes du Royaume, avec les principaux Négocians
& les plus entendus ; même dans les Païs Etrangers autant que beſoin ſeroit, pour veiller & entrer en connoiſſance de ce qui ſeroit bon ou mauvais au Commerce, afin d'en rendre compte au
Roy ; & propoſer enſuite à Sa Majeſté ce qui
pourroit le maintenir, l'augmenter & l'ameliorer.

C'eſt à ce Conſeil bien inſtruit du merite & de
l'importance du Commerce, que j'eſtime qu'il ſe
faudroit adreſſer pour faire une impoſition ſur les
Marchands & Negocians, ou plûtôt ſur les Marchandiſes, telle que le Commerce la pourroit ſup-
porter, ſans en être alteré ou déterioré. Car il eſt
bon de ſe faire une Loy de ne jamais rien faire qui
luy puiſſe préjudicier. Les Anglois & Hollandois
qui ont de ſemblables Chambres établies chez eux,
s'en trouvent fort bien.

Mais je ne dois pas oublier de repreſenter icy,
qu'il ſe fait un négoce de Billets qui eſt très-
préjudiciable au veritable Commerce, & qu'il faudroit par conſequent abolir. Il y en a de deux ſortes, les uns avec les noms du Debiteur & du
Creancier, les autres ſans nom du Creancier.

Commerce de Billets à abolir.

Les premiers ſont des Billets ou Promeſſes ſous
ſimple ſignature, dans leſquels les interêts ſont
payez par avance, ou précomptez avec la ſomme
principale ; & on les renouvelle de temps en temps,

ce qui fait un Commerce illicite contre les Loix de l'Evangile & celles du Royaume. C'eſt pourtant un Commerce qu'un grand nombre de gens font, tant pour ne rien hazarder dans le Négoce avec les Marchands, que pour être toûjours maîtres de leurs deniers.

L'autre ſorte de Billets dont l'uſage devient fort commun, & dont il ſeroit important d'arrêter le cours, parce qu'ils ſont tous pernicieux au Roy & à la Société civile, ſont des Billets payables au Porteur ſans autre addition, leſquels enferment d'ordinaire l'intereſt par avance comme les précedens. Cette maniere de Billets a été miſe en vogue par les Gens d'Affaires pendant la derniere Guerre, pour mettre leurs Effets à couvert des recherches qu'on pourroit faire contr'eux.

Un homme qui s'eſt mis en crédit, aura amaſſé de grands biens, ſouvent aux dépens du Roy & du Public, & moura riche de deux millions en de ſemblables Billets. Ses heritiers aprés s'en être ſaiſis, renonceront à ſa ſucceſſion. S'il a malverſé dans le maniement des deniers du Roy, ou s'il a pris ceux des Particuliers, il n'y aura point de recours contre luy, parce que ces Billets ne le manifeſtent point, & que l'argent donné en conſequence n'a point de ſuite.

L'uſage des Billets de la premiere ſorte ne peut être toleré qu'entre Marchands, & pour fait de Marchandiſes ſeulement, & doit être interdit à toutes autres perſonnes, ce qui ſera trés-aiſé, par-

ce

ce qu'il n'y aura qu'à declarer qu'ils ne feront exigibles, & n'auront d'execution, que de Marchand
à Marchand, & felon les Loix du Commerce.

Mais je crois qu'il eft neceffaire d'abolir abfolu-
ment l'ufage des Billets de la feconde forte. Un
moyen court & facile pour en venir à bout, eft
non feulement de leur ôter toute execution; mais
encore de condamner ceux qui les figneront à de
groffes amendes. Le peu de bonne foy qui fe rencontre aujourd'huy dans le monde, fera que peu
de gens voudront fe fier à de femblables Billets
quand ils ne feront plus exigibles; & le danger
de s'expofer à une groffe amende, empêchera
l'obligé de les figner.

Revenons au Commerce. Je fuis perfuadé que
l'abonnement qu'on en pourra faire pour tout le
Royaume en la maniere qui fera jugée la plus convenable, rendra à ce fecond fonds, fans compter
les Doüanes des Frontieres qui entreront dans le
quatriéme, une fomme de DEUX MILLIONS.
Car il fe fera bien peu de Commerce dans le
Royaume, s'il ne s'en fait pour quarante millions
par chaque année, dont la Dixme Royale fera
de . . . . . . 2000000 liv.

Il refte encore la moitié du Peuple & plus qui ARTS
exerce des Arts & Métiers, & qui gagne fa vie & METIERS.
par le travail de fes mains.

Nous fuppofons que la lieuë quarrée contient
plus de cinq cens cinquante perfonnes; mais nous

ne croyons pas qu'il faille étendre ce nombre au-
delà quant à prefent, à caufe des mortalitez, & des
grandes defertions arrivées dans le Royaume, notamment dans ces dernieres Guerres,qui ont beaucoup confommé de Peuple. Sur ce pied je compte
que cette moitié va à huit millions deux cens cinquante mil Ames.

Il en faut ôter les deux tiers pour les Vieillards,
les Femmes & les petits Enfans, qui ne travaillent
que peu ou point.

Il ne reftera donc que deux millions fept cens
cinquante mil perfonnes, dont il faut encore ôter
les fept cens cinquante mil, pour tenir lieu des Laboureurs, Vignerons, & autres gens de pareille
étoffe qui payent pour la Dixme de leur labourage. Refte à faire état de deux millions d'hommes,
que je fuppofe tous Manœuvriers ou fimples Ar-
tifans répandus dans toutes les Villes, Bourgs &
Villages du Royaume.

Ce que je vais dire de tous ces Manœuvriers,
tant en general qu'en particulier, merite une fe-
rieufe attention; car bien que cette partie foit compofée de ce qu'on appelle mal à propos la lie du
Peuple, elle eft neanmoins trés-confiderable, par
le nombre & par les fervices qu'elle rend à l'Etat.
Car c'eft elle qui fait tous les gros Ouvrages des
Villes & de la Campagne, fans quoy ni eux, ni
les autres ne pourroient vivre. C'eft elle qui fournit tous les Soldats & Matelots, & tous les Valets
& Servantes; en un mot, fans elle l'Etat ne pour-

roit fubfifter. C'eft pourquoy on la doit beaucoup ménager dans les Impofitions , pour ne la
pas charger au-delà de fes forces.

Commençons par ceux des Villes. La premie- ARTISANS:
re chofe qu'il eft à propos de faire, eft d'entrer en
connoiffance de ce qu'un Artifan peut gagner; &
pour cet effet examiner la qualité du Métier, &
voir s'il eft continu; c'eft-à-dire, s'il peut être exer-
cé pendant toute l'année, ou feulement une partie.

2°. A quoy peuvent aller les journées des Ouvriers quand ils travaillent; & les frais qu'ils font
obligez de faire , fi ce font des Maîtres.

3°. Combien les Maîtres employent de Compagnons & d'Apprentifs.

4°. Le temps qu'ils perdent ordinairement par
rapport à leur Métier , & aux autres Ouvrages à
quoy ils font employez.

Et enfin ce qui peut leur revenir de net à la fin
de l'année.

Pour mieux faire entendre cecy , je prendray
pour exemple un TISSERAND.

Il peut faire communément fix aunes de Toille
par jour quand le temps eft propre au travail,
pour la façon defquelles on luy paye deux fols par
aune, qui font douze fols. Sur quoy il eft à remarquer, qu'il ne travaille pas les Dimanches ni
les Fêtes , ni les jours de gelée , ni ceux qu'il eft
abfent pour aller rendre la Toille à ceux qui la
font faire ; non plus que les jours qu'il eft obligé
d'aller aux Foires & aux Marchez chercher les cho-

ſes neceſſaires convenables à ſon Métier ; ou à ſa ſubſiſtance, pendant leſquels il ne gagne rien ; à quoy on peut ajoûter quelques jours d'infirmité dans le cours d'une année qui l'empêchent de travailler. Il luy faut faire une déduction équivalente à tout cela comme d'un temps perdu, & le luy rabattre ; en quoy il faut uſer d'une grande droiture. C'eſt pourquoy je compteray pour les Dimanches d'une année, cinquante-deux jours, pour les Fêtes trente-huit, parce qu'il y en a à peu prés ce nombre ; cinquante jours pour les gelées, parce qu'il peut y en avoir autant ; pour les Foires & Marchez, & autres affaires qui peuvent l'obliger de ſortir de chez luy, vingt jours; pour ceux qu'il employe à ourdir ſa Toille, comme auſſi, pour le temps qu'il pourroit être malade ou incommodé, encore vingt-cinq jours.

Quoy que la plûpart des Artiſans dans les bonnes Villes, comme Paris, Lyon, Roüen, &c. gagnent pour l'ordinaire plus de douze ſols; tels que ſont les Drapiers - Tondeurs, Tireurs de Laine, Garçons Chapeliers, Serruriers,

Ainſi toute ſon année ſe réduira à cent quatre-vingt jours de vray travail, qui eſtimez à ſept deniers ½ par jour, parce qu'on ſuppoſe qu'il gagnera douze ſols, reviendroit à *cinq livres douze ſols ſix deniers* de Dixme par an, ce qui me paroît trop fort pour un pauvre Artiſan qui n'a que cela, à cauſe des Augmentations qui pourroient porter cette Contribution au double dans les grandes neceſſitez de l'Etat. C'eſt pourquoy j'eſtime qu'il ſe faudroit contenter de régler la Dixme des Arts & Métiers ſur le pied du trentiéme.

& ſemblables gens qui gagnent depuis quinze ſols juſqu'à trente : Cependant comme il y en a qui ne gagnent pas douze ſols, l'exemple du Tiſſerand, & l'application qu'on en doit faire aux autres Arts & Métiers, a parû un milieu aſſez proportionné.

Ainsi ce Tisserand payeroit pour le trentiéme
de son Métier trois livres quinze sols , & en dou-
blant, comme cela pourroit quelquefois arriver,
sept livres dix sols , à quoy ajoûtant huit livres
seize sols pour le Sel dans les temps les plus chargez , & quand le Minot seroit à trente livres , supposant aussi sa famille composée de quatre personnes
nes ; cela ne laisseroit pas de monter à seize livres
six sols , qu'il seroit obligé de payer au Roy par an
dans les plus pressans besoins de l'Etat ; ce qui est,
à mon avis , une assez grosse charge pour un Arti-
san qui n'a que ses bras , & qui est obligé de payer
un loüage de maison , de se vêtir luy & sa famille,
& de nourrir une femme & des enfans , lesquels
souvent ne sont pas capables de gagner grand-
chose.

Il faut aussi bien prendre garde qu'il y a des Artisans bien plus achalandez les uns que les autres,
plus forts & plus adroits , & qui gagnent par consequent davantage ; & d'autres qui ne sont pas si
bons Ouvriers qui gagnent moins , & dont les
qualitez sont cependant égales ; ce sont toutes
considerations dans lesquelles on doit entrer le
plus avant qu'on pourra avec beaucoup d'égard &
de circonspection , & toûjours avec un esprit de
charité.

C'est pourquoy il semble qu'aprés avoir fait
dans chaque Ville du Royaume où il y a Maîtri-
se , le Denombrement des Artisans de même Profession , & vû à peu prés ce qu'ils peuvent payer

les uns portant les autres, pour leur contribution aux befoins de l'Etat, on pourroit en laiffer la répartition aux Jurez & Gardes de chaque Art & Métier, pour la faire avec la proportion requife au travail & au gain d'un chacun. Car ce qui eft icy propofé pour un Tifferand, peut être appliqué à un Cordonnier, à un Marchand, à un Chapelier, à un Orfévre, &c. & generalement à tous les Artifans des Villes & de la Campagne, de quelqu'efpece qu'ils pûffent être, exerçant les Arts & Métiers qui leur tiennent lieu de Rentes & de Revenus.

Que fi outre le Métier de Tifferand, ce même homme exerçoit le Labourage, la Dixme de fes Terres payeroit comme les autres. De même, s'il exerçoit quelqu'autre Art ou Métier.

On doit comprendre dans ce Dénombrement les Compagnons qui travaillent fous les Maîtres, & même les Apprentifs, & eftimer leur travail, pour en fixer la Dixme comme deffus.

PARMY le même Peuple, notamment celuy de la Campagne, il y a un trés-grand nombre de gens qui ne faifant profeffion d'aucun Métier en particulier, ne laiffent pas d'en faire plufieurs trés-neceffaires, & dont on ne fçauroit fe paffer. Tels font ceux que nous appellons MANOEUVRIERS, dont la plûpart n'ayant que leurs bras, ou fort peu de chofe au-delà, travaillent à la journée, ou par entreprife, pour qui les veut employer. Ce font eux qui font toutes les groffes befognes, comme de faucher, moiffonner, battre à la Grange, couper les Bois, labourer la Terre & les Vignes, défricher, boucher les Heritages, faire ou relever les Foffez, porter de la terre dans les Vignes & ail-

MANOEU-VRIERS.

leurs, fervir les Maçons, & faire plufieurs autres Ouvrages qui font tous rudes & penibles. Ces gens peuvent bien trouver à s'employer de la forte une partie de l'année, & il eft vray que pendant la Fauchaifon, la Moiffon & les Vendanges, ils gagnent pour l'ordinaire d'affez bonnes journées; mais il n'en eft pas de même le refte de l'année. Et c'eft encore ce qu'il faut examiner avec beaucoup de foin & de patience, afin de bien démêler les forts des foibles, & toûjours avec cet efprit de juftice & de charité fi neceffaire en pareil cas, pour ne pas achever la ruine de tant de pauvres gens, qui en font déja fi prés, que la moindre furcharge au-delà de ce qu'ils peuvent porter, acheveroit de les accabler.

Or la Dixme de ceux-cy ne fera pas plus difficile à régler que celle du Tifferand, pourvû qu'on s'en veüille bien donner la peine, en obfervant de ne les cottifer qu'au trentiéme, tant par les raifons déduites en parlant du Tifferand qui conviennent à ceux-cy, qu'à caufe du chommage frequent aufquels ces pauvres Manœuvriers font fujets, & des grandes peines qu'ils ont à fupporter. Car on doit prendre garde fur toutes chofes à ménager le menu Peuple, afin qu'il s'acroiffe, & qu'il puiffe trouver dans fon travail de quoy foûtenir fa vie, & fe vêtir avec quelque commodité. Comme il eft beaucoup diminué dans ces derniers temps par la Guerre, les maladies, & par la mifere des cheres années, qui en ont fait mourir de faim un grand

nombre , & réduit beaucoup d'autres à la mendicité, il eſt bon de faire tout ce qu'on pourra pour
le rétablir ; d'autant plus que la plûpart n'ayant
que leurs bras affoiblis par la mauvaiſe nourriture,
la moindre maladie ou le moindre accident qui
leur arrive , les fait manquer de pain, ſi la charité
des Seigneurs des lieux & des Curez, ne les ſoû-
tient.

C'eſt pourquoy, comme j'ay fait un détail de ce
que peut gagner un Tiſſerand , & de ce qu'il peut
payer de DIXME ROYALE & de SEL , il ne
ſera pas hors de propos d'en faire autant pour le
Manouvrier de la Campagne.

Je ſuppoſe que des trois cens ſoixante-cinq jours
qui font l'année , il en puiſſe travailler utilement
cent quatre-vingt, & qu'il puiſſe gagner neuf ſols
par jour. C'eſt beaucoup, car il eſt certain, qu'ex-
cepté le temps de la Moiſſon & des Vendanges, la
plûpart ne gagnent pas plus de huit ſols par jour
l'un portant l'autre ; mais paſſons neuf ſols, ce ſeroit donc quatre-vingt-cinq livres dix ſols , paſſons quatre-vingt-dix livres; deſquelles il faut ôter
ce qu'il doit payer, ſuivant la derniere ou plus forte Augmentation , dans les temps que l'Etat ſera
dans un grand beſoin , c'eſt-à-dire le trentiéme de
ſon gain, qui eſt trois livres , ce qui doublé fera
ſix livres, & pour le Sel de quatre perſonnes, dont
je ſuppoſe ſa famille compoſée , comme celle du
Tiſſerand , ſur le pied de trente livres le Minot,
huit livres ſeize ſols , ces deux ſommes enſemble
porteront

porteront celle de quatorze livres feize fols, laquelle ôtée de quatre-vingt-dix livres, reftera foixante & quinze livres quatre fols.

Comme je fuppofe cette famille, ainfi que celle du Tifferand, compofée de quatre perfonnes, il ne faut pas moins de dix feptiers de Bled mefure de Paris pour leur nourriture. Ce Bled, moitié froment, moitié feigle, le froment eftimé à fept livres, & le feigle à cinq livres par commune année, viendra pour prix commun à fix livres le feptier mêlé de l'un & l'autre, lequel multiplié par dix, fera foixante livres, qui ôtez de foixante-quinze livres quatre fols, reftera quinze livres quatre fols; fur quoy il faut que ce Manœuvrier paye le loüage, ou les réparations de fa maifon, l'achat de quelques meubles, quand ce ne feroit que de quelques écuelles de terre; des habits & du linge; & qu'il fourniffe à tous les befoins de fa famille pendant une année.

Mais ces quinze livres quatre fols ne le meneront pas fort loin, à moins que fon induftrie, ou quelque Commerce particulier, ne rempliffe les vuides du temps qu'il ne travaillera pas; & que fa femme ne contribuë de quelque chofe à la dépenfe, par le travail de fa Quenoüille, par la Coûture, par le Tricotage de quelque paire de Bas, ou par la façon d'un peu de Dentelle felon le Païs; par la culture auffi d'un petit Jardin; par la nourriture de quelques Volailles, & peut-être d'une Vache, d'un Cochon, ou d'une Chévre pour les

L

plus accommodez, qui donneront un peu de lait, au moyen de quoy il puisse acheter quelque morceau de lard, & un peu de beurre ou d'huile pour se faire du potage. Et si on n'y ajoûte la culture de quelque petite piece de terre, il sera difficile qu'il puisse subsister; ou du moins il sera réduit luy & sa famille à faire une trés-miserable chere. Et si au lieu de deux enfans il en a quatre, ce sera encore pis, jusqu'à ce qu'ils soient en âge de gagner leur vie. Ainsi de quelque façon qu'on prenne la chose, il est certain qu'il aura toûjours bien de la peine à attraper le bout de son année. D'où il est manifeste que pour peu qu'il soit surchargé, il faut qu'il succombe : ce qui fait voir combien il est important de le ménager.

Pour revenir donc au compte de ce que la Dixme des Arts & Métiers pourroit donner sans rien forcer, nous avons vû que nous ne pouvons faire état que de deux millions d'hommes, dont je ne croy pas qu'on doive estimer la Dixme au-delà de trois livres pour chacun le fort portant le foible, y compris même le Fillage des femmes, & tout ce qu'elles peuvent faire d'estimable de prix. Ainsi je compte que cet article pourra monter à la somme de six millions, cy   .   .   . 6000000 liv.

De sorte que tout ce second Fonds ramassé ensemble, sera la somme de QUINZE MILLIONS QUATRE CENS VINGT-DEUX MIL CINQ CENS LIVRES, cy   .   .   . 15422500 liv.

Il y a environ trente Fêtes dans l'année, outre les Dimanches, & je croy même davantage. On pourroit en suprimer la moitié en faveur des Artisans des Villes, & des Païsans de la Campagne, qui par ces quinze ou vingt jours de travail, pouroient trés-bien gagner de quoy payer leur Contribution, & plus. Ce qui leur feroit un bien inconcevable, s'ils en sçavoient profiter.

TROISIÉME FONDS.

LE SEL.

LE troisiéme Fonds sera composé de l'Impost
sur le SEL, que je croy devoir être beaucoup moderé, mais étendu par tout peu à peu,
en sorte que tous les François soient égaux à cet
égard comme dans tout le reste ; & qu'il n'y ait
point de distinction de Païs de Franc-Salé, d'avec
celuy qui ne l'est pas.

Voicy quels sont dans le Royaume ces Païs
qu'on appelle de Franc-Salé, c'est-à-dire non sujets à la grosse Gabelle.

La plûpart des Côtes de Normandie, la Breta-
gne, le Poitou, l'Auvergne, le Païs d'Aunix, la
Xaintonge, l'Angoumois, le Perigord, le haut
& bas Limosin, la haute & basse Marche ; les
Etats de la Couronne de Navarre ; le Roussillon,
le Païs Conquis, l'Artois & le Cambresis ; ce que
nous tenons de la Flandre, du Haynault & du
Luxembourg ; les trois Evêchez ; les Comtez de
Clermont, d'Un, Stenay & Jamets ; les Souve-
rainetez de Sedan & de Raucourt, d'Arche & de
Châteaurenault ; les Duchez de Boüillon & de
Rételois ; le Comté de Bourgogne ; l'Alsace ; les
Prevôtez de Longwy, & le Gouvernement de
Sarre-Loüis.

Ce n'est pas que le Roy ne tire du profit des

TROISIE'ME FONDS.

La cherté du Sel le rend si raré, qu'elle cause une espe-ce de famine dans le Royau-me, trés-sensi-ble au menu Peuple, qui ne peut faire au-cune salaison de viande pour son usage faute de Sel. Il n'y a point de ména-ge qui ne puisse nourrir un Co-chon, ce qu'il ne fait pas, par-ce qu'il n'a pas de quoy avoir pour le saler. Ils ne salent même leur pot qu'à demy, & souvent point du tout.

Sels qui se consomment dans tous ces Païs-là;
mais ce n'est que sur le pied qu'il l'a trouvé établi
quand il s'en est rendu maître, lequel est bien au
dessous de celuy de la Gabelle. Cependant comme les autres Impositions sont pour l'ordinaire un
peu plus fortes en ce Païs de Franc-Salé; ce que
les Habitans croyent gagner d'un côté, leur écha-
pe de l'autre.

Le SEL est une manne dont Dieu a gratifié le
genre Humain, sur lequel par consequent il sembleroit qu'on n'auroit pas dû mettre de l'Impost.
Mais comme il a été necessaire de faire des Levées
sur les Peuples pour les necessitez pressantes des
Etats, on n'a point trouvé d'expedient plus commode pour les faire avec proportion, que celuy
d'imposer sur le Sel : parce que chaque ménage
en consomme ordinairement selon qu'il est plus
ou moins accommodé; les Riches qui ont beaucoup de Domestiques, & font bonne chere, en
usent beaucoup plus que les Pauvres qui la font
mauvaise. C'est pourquoy il y a peu d'Etat où il
n'y ait des Impositions sur le Sel, mais beaucoup
moindres qu'en France, où il est de plus trés-mal
œconomisé.

Les défauts plus remarquables que j'y trouve,
sont :

Premierement. Que les fonds des Salines n'appartiennent pas au Roy.

Deuxiémement. Qu'elles sont toutes ouvertes &
sans aucune clôture, & par consequent trés-expo-

fées aux Larrons, & aux Faux-Saunages.

Troifiémement. Qu'il y a beaucoup de Particuliers qui ont des Rentes & des Engagemens fur le Sel; ce qui caufe de la diminution à fes Revenus.

Quatriémement. Qu'il y a une trés-grande quantité de Communautez, & d'autres Particuliers qui ont leur Franc-Salé, ce qui caufe encore une diminution confiderable aux mêmes Revenus; outre qu'en ayant beaucoup plus qu'ils n'en peuvent confommer, ils en vendent aux autres.

Cinquiémement. Que les Païs exempts de la Gabelle obligent le Roy à un grand nombre de Gardes fur leurs Frontieres, dont l'entretien luy coûte beaucoup, & qu'on pourroit utilement employer ailleurs.

Sixiémement. Que le bon marché du Sel dans une Province, & fa cherté à l'excés dans une autre, y caufe deux maux confiderables; dont l'un eft le Faux-Saunage, qui envoye quantité de gens aux Galeres; & l'autre l'Impofition forcée du Sel, qui contraint les Particuliers d'en prendre une certaine quantité, le plus fouvent au-delà de leurs forces, fans que celuy qui pourroit leur refter d'une année puiffe leur fervir pour l'autre; ce qui les expofe à beaucoup d'avanies de la part des Gardes-Sel, qui foüillent leurs Maifons jufques dans les coins les plus reculez, & y portent quelquefois eux-mêmes du faux Sel, pour avoir prétexte de faire de la peine à ceux à qui ils veulent du mal.

Je crois que le plus fûr moyen de prévenir le Faux-Saunage, feroit de l'impofer par tout fur le pied de douze ou quatorze perfonnes au Minot; ceux qui en voudront davantage l'iront prendre au Grenier, où on pourra leur en fournir au même prix.

C'eft en gros ce qu'il y a de mal dans la difpo-

fition generale des Gabelles, fur lefquelles il y auroit beaucoup d'autres chofes à dire, mais qui ne
font point neceffaires à mon fujet. C'eft pourquoy
je me reduiray à marquer icy fimplement & en
peu de paroles les Mal-façons fur les Voitures, &
fur la diftribution du Sel, foit en gros, foit en
détail.

Premierement. Ceux qui font les Voitures, chemin faifant font le Faux-Saunage tout de leur
mieux aux dépens de la Voiture même, où le déchet eft fouvent remplacé par du fable & par d'autres ordures.

Deuxiémement. Sur la diftribution en gros dans
les Greniers, où il y a toûjours de la tromperie fur
le plus ou le moins du poids des Mefures, par le
coulage du Sel, au moyen d'une Tremie grillée
inventée exprés, pour frauder de quelques livres
par Minot.

Troifiémement. Sur le debit à la petite Mefure,
où le Sel eft furvendu, & fouvent augmenté par
du fable, & derechef recoulé.

Quatriémement. Sur le reftant dans les Greniers
au bout de l'année, qui fe partage entre les Fermiers & les Officiers ; mais de maniere, que les
premiers ont toûjours la petite part, & fouvent
rien du tout.

Il eft trés-évident que fi tous ces défauts rendent la vente du Sel tres-onereufe au Peuple, ils
la rendent encore trés-penible en elle-même, &
fujette à de trés-grands frais. C'eft pourquoy nos

On feroit beau-
coup mieux de
vendre le Sel au
poids ; & pour
éviter toute
tromperie, l'é-
prouver de
temps en téps,
foit en le rafi-
nant ou autre-
ment, & impo-
fer de groffes
peines à ceux
qui en mefufe-
ront.

Rois pour le faire valoir & en affurer le debit, ont
été obligez d'établir tout ce grand nombre de
Greniers à Sel, d'Officiers & de Gardes, que nous
voyons répandus dans toutes les Provinces du
Royaume fujettes à la Gabelle ; ce qui en augmente encore le prix, & fait qu'il y a beaucoup
de menu Peuple dans les Païs où il n'eft pas forcé, qui en confomment peu, & n'en donnent jamais à leurs Beftiaux. D'où s'enfuit que les uns &
les autres font lâches & mal fains ; ce qui ne fait
pas la condition du Roy meilleure, parce qu'on
en debite moins que fi on le vendoit à un prix
plus bas. Et quoy qu'il femble trés-difficile d'y
remedier, à caufe du long-temps qu'il y a que
ce mal a pris racine, il ne me paroît pas neanmoins impoffible qu'on n'en puiffe venir à bout,
en s'aidant dans l'occafion de l'autorité du Roy, à
laquelle rien ne refiftera dés qu'elle fera employée
avec juftice.

La premiere chofe qui me paroît neceffaire, feroit d'ôter cette diftinction de Provinces ou de
Païs à l'égard du Sel. Et je fuis perfuadé que l'é-
tabliffement de la DIXME ROYALE, en la maniere propofée en ces Memoires, dans les dix-huit
Generalitez des Païs Taillables, & fujets à la groffe
Gabelle ; & la fuppreffion de tous les autres Impôts, en ouvriroient un chemin facile. Car on
doit fuppofer comme une verité conftante, que le
Bien-être où ces Generalitez fe trouveroient bien-
tôt, ne manqueroit pas de fe faire defirer par les

Païs les plus voifins, qui demanderoient le même traitement ; ce qui feroit fuivi des autres Provinces, & enfuite de tout le Royaume. Or accordant ce même traitement aux Païs où la Gabelle n'eft pas établie, on pourroit le faire à condition de la recevoir ; & même y ajoûter d'autres moyens pour les en dédommager, comme de les décharger de quelques vieux droits onereux, ou de payer leurs dettes ; ou enfin par tel autre moyen qu'on pourroit avifer, en gagnant les principaux du Païs, & en ufant d'autorité, où la raifon feule ne pourroit pas fuffire. Le Roy eft plus en état de le faire qu'aucun de fes Prédeceffeurs ; & il n'eft pas jufte que tout un Corps fouffre, & que fon œconomie foit troublée, pour mettre quelqu'un de fes membres plus à fon aife que les autres.

La feconde chofe à faire eft, que le Roy achete & s'approprie les fonds de toutes les Salines du Royaume. Aprés quoy il les faudroit réduire à la quantité neceffaire la plus précife qu'il feroit poffible, eu égard aux confommations des Peuples, & à ce qu'on peut debiter de Sel aux Etrangers ; & fupprimer les autres. Il faudroit enfuite fermer ces Salines de murailles, ou de remparts de terres avec de bons & larges foffez tout autour ; & y faire aprés une garde réglée comme dans une Place de Guerre. De trés - mediocres Garnifons fuffiroient pour cela.

La troifiéme, d'y faire bâtir tous les Greniers & les Magafins neceffaires, & y établir des Bureaux où où le Sel fe debiteroit à *dix-huit livres* le Minot à tous ceux qui voudroient y en aller acheter pour en faire marchandife, & le faire enfuite debiter par tout le Royaume comme les autres Denrées. Si on ne trouvoit plus à propos pour ôter toute occafion de monopole, d'en faire voiturer aux dépens du Sel même, (un Minot fur vingt fuffira pour cela) dans la principale Ville de chaque Province, ou dans deux felon fon étenduë, où il feroit vendu aux Bureaux que le Roy y a déja, au même prix qu'aux Salines; ce qui en rendroit encore le debit non feulement plus facile & plus avantageux au Peuple, mais auffi plus abondant pour le Roy.

On fuppofe que la vente du Sel aux Etrangers payera largement tant la façon du Sel, & le chariage ou portage qu'il en faudra faire dans les Greniers & Magafins, que les frais du debit qui fe fera dans les Bureaux, & ceux des Garnifons.

Continuant donc à faire ma fupputation fur la lieuë quarrée que je me fuis propofée pour bafe de ce Syftême : Je fuppofe, comme j'ay déja dit, qu'il y a dans chaque lieuë quarrée CINQ CENS CINQUANTE PERSONNES de tout âge & de tout fexe, & que QUATORZE PERSONNES confommeront par an un Minot de Sel; c'eft ce que l'Ordonnance leur donne. Il leur faudra donc par an pour le Pot & la Saliere feulement, *quarante Minots* de Sel, qui porteront à dix-huit livres le Minot, fept cens vingt livres. Or il y a

Pour faire jufte quarante Minots, il faudroit cinq cens foixante perfonnes au lieu de cinq cens cinquante, mais on a crû devoir faire un compte rond; car certainement on parviendra bien-tôt à ce nombre, & à davantage.

M

trente mil lieuës quarrées dans le Royaume; Il y faut donc tous les ans *Douze cens mil Minots de Sel.* On y peut encore ajoûter hardiment *Cent mil Minots,* tant pour les falaifons des Beures & Viandes, que pour les Beftiaux. Ce qui fera au moins *Treize cens mil Minots.*

Je fuppofe que le Roy tirera de chaque Minot ces dix-huit livres quittes de tous frais, par les raifons cy-devant exprimées. Donc ces treize cens mil Minots feront un fonds net toutes les années de VINGT-TROIS MILLIONS QUATRE CENS MIL LIVRES au moins.

Voir les Tables cy-aprés, où l'augmentation du prix du Sel eft faite avec proportion à l'augmentation de la DIXME ROYALE.

Dans les temps de Guerre, & quand on fera preffé, on pourroit augmenter le prix du Minot de vingt fols, de quarante fols, ou de quatre livres à la fois, en forte neanmoins qu'il ne paffe jamais trente livres ; parce que dés qu'on le vendra plus cher, les Païfans n'en donneront plus aux Beftiaux, & beaucoup de gens s'en laifferont manquer. Outre qu'il faut toûjours avoir égard à la DIXME ROYALE des deux premiers fonds, lefquels chargeant de leur côté comme le SEL du fien, feroient bien-tôt trop fentir leur pefanteur, fi on la pouffoit plus loin.

Il y a une chofe de grande importance à obferver fur cet article, qui eft, que comme il fe confomme beaucoup de Sel pour les falaifons des Moruës, Harangs & autres Poiffons à Dieppe, & aux autres Ports de Mer ; s'il falloit que ceux qui font ces falaifons, achetaffent le Sel à dix-

huit livres le Minot, on ruineroit le Commerce du
Poisson salé qui se fait dans le Royaume, & il pas-
seroit tout entier aux Anglois & aux Hollandois,
lesquels font pour l'ordinaire ces salaisons du Sel
de Saint Hubés en Portugal, qui ne leur coûte
presque rien.

C'est pourquoy il est du bien de l'Etat de continuer de donner à ceux de Dieppe & autres Villes Maritimes qui font pareil Commerce, le Sel
au prix accoûtumé pour ces salaisons : en prenant
les mêmes précautions qu'on prend aujourd'huy
pour empêcher que les Habitans de ces Villes &
Lieux n'en mesusent, ou telles autres qu'on juge-
ra les plus convenables.

Supposant donc que tout le Royaume se puisse peu à peu réduire à ce prix, je mettray icy le
troisiéme fonds, pour le premier & plus bas pied,
à la somme cy-dessus calculée de VINGT-TROIS
MILLIONS QUATRE CENS MIL LIVRES;
laquelle augmentera bien plûtôt qu'elle ne dimi-
nuëra, à cause de la plus grande consommation qui
s'en fera. Mais on peut compter sûrement que le
Peuple y gagnera le double, non seulement par
le rabais du Sel, mais encore, parce qu'il sera dé-
livré de tous les frais & friponneries qui se font
dans le debit.

Une consideration importante qu'on doit toûjours avoir devant les yeux, est, que le Sel est necessaire à la nourriture des hommes & des bestiaux,
& qu'il faut toûjours l'aider & le faciliter, sans ja-

mais y nuire, par quelque raison que ce puisse être.

Total de ce troisiéme Fonds, vingt-trois millions quatre cens mil livres, cy . . . . 23400000 liv.

QUATRIÉME FONDS.

REVENU FIXE.

QUATRIÉME FONDS. JE compose le quatriéme Fonds d'un REVENU que j'appelleray FIXE; parce que je suppose que les parties qui le doivent former, seront, ou doivent être presque toûjours sur le même pied.

DOMAINES; PARTIES CA- SUELLES; FRANCS-FIEFS; AMENDES, &c. La premiere contiendra les Domaines; les Parties Casuelles; les Droits de Franc-Fief & d'Amortissement; les Amendes, Epaves, Confiscations; le Convoy de Bordeaux; la Coûtume de Bayonne, la Ferme de Brouäge; celle du Fer; la Vente annuelle des Bois appartenans au Roy; le Papier Timbré; le Contrôle des Contrats, qui seroit trés-utile si on les enregistroit tous entiers, au lieu qu'on n'en fait qu'une Notte qui deviendra inutile avec le temps; le droit de ce Contrôle moderé, parce qu'il est trop fort, & qu'il est necessaire à la Societé civile de passer des Contrats. Le Contrôle des Exploits; les Postes, où le port des Lettres moderé d'un tiers, & fixé de telle ma-

niere, qu'il ne foit pas arbitraire aux Commis de
les furtaxer , comme ils font notoirement prefque par tout, ce qui meriteroit bien un peu de
Galeres.

Il feroit ce-
pendant trés-
neceffaire de
faire afficher
aux portes des
Bureaux des Po-

ftes, un Tarif des ports de Lettres, tant du dedans du Royaume, que des Etrangeres,
pour empêcher les furtaxes. C'eft ce que les Marchands de Roüen & d'ailleurs ont
demandé au commencement du dernier Bail , & qu'on leur avoit promis rien n'é-
tant plus jufte ; cependant on n'en a rien fait.

La feconde contiendra les Doüanes mifes fur les
Frontieres tant de Terre que de Mer , pour le payement des Droits d'Entrée & de Sortie des Marchandifes , réduits par le Confeil du Commerce
fur un pied tel qu'on ne rebute point les Ettan-
gers qui viennent enlever les Denrées que nous
avons de trop , & qu'on favorife le Commerce
du dedans du Royaume autant qu'il fera poffible.

DOUANES.

La troifiéme fera formée de certains Impôts,
qui ne feront payez que par ceux qui le veulent
bien ; & qui font à proprement parler la peine de
leur luxe , de leur intemperance, & de leur vanité.
Tels font les Impôts qu'on a mis fur le Tabac,
les Eaux de Vie , le Thé, le Caffé, le Chocolat;
à quoy on en pourroit utilement ajoûter d'autres
fur le luxe & la dorure des habits , dont l'éclat fur-
paffe la Qualité, & le plus fouvent les Moyens de
ceux qui les portent. Sur ceux qui rempliffent les
Ruës de Carroffes à n'y pouvoir plus marcher, lefquels n'étant point de condition à avoir de tels
équipages, meriteroient bien d'en acheter la per-

IMPOSTS VO-
LONTAIRES.

miſſion un peu cherement ; ainſi que celle de porter l'Epée à ceux qui n'étans ni Gentilshommes ni
Gens de Guerre, n'ont aucun droit de la porter.
Sur la magnificence outrée des Meubles ; ſur les
dorures des.Carroſſes, ſur les grandes & ridicules
Perruques, & tous autres droits de pareille nature, qui judicieuſément impoſez, en punition des
excés & deſordres cauſez par la mauvaiſe conduite d'un grand nombre de gens, peuvent faire beaucoup de bien, & peu de mal.

En voicy un autre dont je ne fais point de compte, mais qui pourroit être pratiqué avec une trés
grande utilité. Il y a dans le Royaume environ
TRENTE-SIX MIL Paroiſſes ; & dans ce
nombre de Paroiſſes, il n'y a pas moins de
QUARANTE MIL Cabarets, dans chacun
deſquels il ſe pourroit debiter année commune,
QUINZEMUIDS de *Vin*, de *Cidre*, ou de *Bie-*
re, ſelon les Païs, à ceux qui y vont boire, s'il
arrivoit un temps plus favorable au Peuple. Sup-
poſant donc les Aydes ſupprimées, ce ne ſeroit
pas leur faire tort, que d'impoſer *trois livres dix ſols*
ſur chaque muid de Vin bû dans le Cabaret, & non
autrement ; & ſur le Cidre & la Biere à proportion ; cela ne reviendroit qu'à un liard la pinte,
& pourroit en produiſant un Revenu conſiderable, qui iroit à plus de DEUX MILLIONS,
contenir un peu les Païſans, qui les jours de
Dimanches & de Fêtes, ne deſempliſſent point
les Cabarets, ce qui pourroit peut-être obli-

ger les plus fenfez à demeurer chez eux. Mais
il faudroit toûjours diftinguer ce qui feroit bû
au Cabaret, de ce qui feroit livré au dehors
à pot & à pinte, qui doit être exempt de cet
Impoft.

J'eftime que les trois premieres parties cy-deffus bien recherchées & jointes enfemble, pro-
duiront annuellement, à les beaucoup moderer,
au moins DIX-HUIT MILLIONS de *livres*,
que je confidere comme un Revenu fixe qu'on
laifferoit toûjours à peu prés au même état, pour
ne rien déranger au Commerce, ni à la commodité publique, pour laquelle il faut toûjours
avoir de grands égards, par préference à toutes
autres chofes : Cy . . . . . 18000000 liv.

De forte que ces quatre Fonds generaux joints
enfemble, rendront année commune la fomme de
CENT SEIZE MILLIONS HUIT
CENS VINGT-DEUX MIL CINQ
CENS LIVRES, laquelle pourra être augmentée fuivant les befoins de l'Etat, par degrez
dans une proportion jufte, & toûjours fuivie,
qui ne fouffrira aucune confufion, ainfi qu'il fe
verra cy-aprés dans la feconde Partie de ces Memoires. Sur quoy il eft à remarquer que les
trois premiers Fonds étant fufceptibles d'augmentation, pourront être augmentez proportionnellement, mais le quatriéme non ; parce
qu'il contient des Parties qui ayant rapport au

Commerce, pourroient le troubler, & caufer de l'empêchement aux Confommations, ce qu'il faut éviter. C'eft pourquoy dans les Tables fuivantes, nous propoferons chaque Augmentation du premier Dixiéme des trois premiers Fonds, le quatriéme demeurant toûjours au même état, par la raifon que deffus.

SECONDE

SECONDE PARTIE

DE CES MEMOIRES,

QUI CONTIENT DIVERSES PREUVES
de la bonté du Systême de la DIXME ROYALE;
& la Maniere de le mettre en pratique.

APRE'S avoir établi les Fonds qui doivent composer celuy de la DIXME ROYALE; j'ay crû qu'il étoit à propos de mettre à la tête de cette seconde Partie une TABLE, comme je l'ay promise, qui serve à fixer avec facilité la Quotité de cette *Dixme* selon les necessitez de l'Etat, depuis le Vingtiéme jusques au Dixiéme. Ce qui est déja un trés-grand avantage pour la levée des Deniers publics, qu'on puisse sçavoir avec quel-

N

que précifion ce que chaque Fonds doit produire.

Il faut obferver trois chofes fur cette Table.

La premiere , Que nous appellons P REMIER
FONDS, la *groffe Dixme.* SECOND FONDS,
l'*Induftrie.* TROISIE'ME FONDS , le *Sel.* Et
QUATRIE'ME FONDS , le *Revenu fixe.*

La feconde , Qu'aprés le Revenu fimple expofé une fois, tous les Fonds feront réduits en un,
auquel fera ajoûté le premier Dixiéme des trois
premiers, dans les dix Articles fuivans.

Et la troifiéme , Que fi au lieu du Dixiéme on les
vouloit augmenter feulement d'une vingtiéme partie , ou d'une trentiéme ; cela fe pourra avec la
même facilité , en fuivant la même métode.

PREMIERE TABLE,

CONTENANT LES REVENUS

des QUATRE FONDS GENERAUX *separément*, puis *joints ensemble*, & *augmentez* ensuite du Dixiéme d'un chacun des trois premiers Fonds dans les dix Articles suivans: le tout joint au Revenu fixe, qui ne hausse ni ne baisse. POUR faire voir jusques où peuvent aller les Augmentations, sans trop fouler les Peuples.

Addition simple DES QUATRE FONDS.

La grosse DIXME au vingtiéme . 60000000 l.

L'INDUSTRIE au vingtiéme . . 15422500 l.

Le SEL à 18 livres le Minot . . . . 23400000 l.

Le REVENU FIXE . . . . . 18000000 l.

TOTAL du Revenu simple . . . 116822500 l.

Les trois premiers fonds montent à 9882250 liv. dont la dixiéme partie est 9882250 livres, qui est celle qui sera cy-aprés jointe à toutes les Augmentations suivantes.

Le Debit du SEL est réduit à onze cens onze mil, cent onze Minots ⅑, dont les dix Augmentatiós, pour aller de dix-huit à trente livres, seront chacune de vingt-quatre sols.

PREMIERE AUGMENTATION

du DIXIE'ME des trois premiers Fonds, le Revenu fixe demeurant au même état.

Total précedent . . . 116822500 liv.

Le *Dixiéme* des trois premiers Fonds . . . . 9882250 liv.

TOTAL de la premiere Augmentation . . . 126704750 liv.

La grosse *Dixme* & l'*Industrie* au xixe. Le *Sel* à 19 l. 4 s. le Minot. Et le *Revenu fixe* demeurant toûjours le même.

Bon.

N ij

SECONDE AUGMENTATION
du MÉME, *comme au précedent.*

Total précedent . . . . 126704750 liv.
Le *Diximéme* des trois pre-
miers Fonds . . .   9882250 liv.

Trés-bon. TOTAL de la seconde
Augmentation . . . 136587000 liv.

La grosse *Dixme* & l'*Industrie* au XVIIIe. Le *Sel* à 20 l. 8 f. le Minot. Et le *Revenu fixe* toûjours le même.

TROISIÉME AUGMENTATION
du DIXIÉME, *comme cy-devant*, *le* Revenu fixe *demeurant toûjours au même état.*

Total précedent . . . 136587000 liv.
Le *Diximéme* des trois pre-
miers Fonds . . .   9882250 liv.

Fort. TOTAL de la troisiéme
Augmentation . . . 146469250 liv.

La grosse *Dixme* & l'*Industrie* au XVIIe. Le *Sel* à 21 l. 12 f. le Minot. Et le *Revenu fixe* toûjours le même.

QUATRIÉME AUGMENTATION
du DIXIÉME, *le* Revenu fixe *toûjours le même.*

Total précedent . . . 146469250 liv.
Le *Diximéme* des trois pre-
miers Fonds . . .   9882250 liv.

Trop fort. TOTAL de la quatriéme
Augmentation . . . 156351500 liv.

La grosse *Dixme* & l'*Industrie* au XVIe. Le *Sel* à 22 l. 16 f. le Minot. Et le *Revenu fixe* toûjours le même.

CINQUIEME AUGMENTATION
du DIXIE'ME, comme cy - devant.

Total précedent . . .   156351500 liv. ⎫

Le *Dixiéme* des trois premiers Fonds . . .   9882250 liv. ⎬

TOTAL de la cinquiéme
Augmentation . . . 166233750 liv.

> La grosse *Dixme* &
> l'*Industrie* au xv.e Le
> *Sel* à 24 liv. le Minot.
> Et le *Revenu fixe* toû-
> jours le même.

Trop fort.

SIXIE'ME AUGMENTATION
du DIXIE'ME, comme cy - devant.

Total précedent . . .   166233750 liv. ⎫

Le *Dixiéme* des trois premiers Fonds . . .   9882250 liv. ⎬

TOTAL de la sixiéme
Augmentation . . . 176116000 liv.

> La grosse *Dixme* &
> l'*Industrie* au xiv.e Le
> *Sel* à 25 l. 4 s. le Mi-
> not. Et le *Revenu fixe*
> toûjours le même.

Idem.

SEPTIE'ME AUGMENTATION
du DIXIE'ME, comme cy - devant.

Total précedent . . .   176116000 liv. ⎫

Le *Dixiéme* des trois premiers Fonds , . .   9882250 liv. ⎬

TOTAL de la septiéme
Augmentation . . . 185998250 liv.

> La grosse *Dixme* &
> l'*Industrie* au xiii.e Le
> *Sel* à 26 l. 8 s. le Mi-
> not. Et le *Revenu fixe*
> toûjours le même.

Idem.

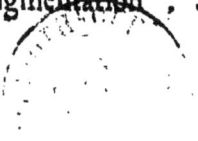

HUITIÉME AUGMENTATION
du même DIXIÉME.

Total précedent . . . . 185998250 liv. ⎱ La groſſe *Dixme* &
Le *Dixiéme* des trois pre- ⎰ *l'Induſtrie* au XIIe. Le
miers Fonds . . . 9882250 liv. *Sel* à 27 l. 12 ſ. le Mi-
Trop fort. TOTAL de la huitiéme not. Et le *Revenu fixe*
Augmentation . . . . 195880500 liv. toûjours le même.

NEUVIÉME AUGMENTATION
du même DIXIÉME.

Total précedent . . . 195880500 liv. ⎱ La groſſe *Dixme* &
Le *Dixiéme* des trois pre- ⎰ *l'Induſtrie* au XIe. Le
miers Fonds . . . . 9882250 liv. *Sel* à 28 l. 16 ſ. le Mi-
Idem. TOTAL de la neuviéme not. Et le *Revenu fixe*
Augmentation . . . . 205762750 liv. toûjours le même.

DIXIÉME AUGMENTATION
du même DIXIÉME.

Total précedent . . . . 205762750 liv. ⎱ La groſſe *Dixme* &
Le *Dixiéme* des trois pre- ⎰ *l'Induſtrie* au Xe. Le
miers Fonds . . . . 9882250 liv. *Sel* à 30 livres le Mi-
Idem. TOTAL de la dixiéme not. Et le *Revenu fixe*
Augmentation . . . . 215645000 liv. toûjours le même.

CHAPITRE PREMIER.

Confequences à tirer de cette TABLE. Raifons pour lefquelles on ne doit point poufer ces Augmentations plus loin.

AU furplus, que l'Eftimation des Revenus de l'Etat, felon ce nouveau Syftême, telle qu'elle vient d'être fupputée, foit trop forte ou trop foible à plufieurs Millions prés, cela n'eft d'aucune confequence ; parce que tous les Calculs qu'on en a faits, ne font à proprement parler, que des Modêles & des Effais pour faire connoître le Syftême en luy-même : & que la Quotité de cette DIXME ROYALE, fe peut hauffer ou baiffer felon les befoins de l'Etat.

Au refte, il feroit fuperflu de poufer ces Augmentations plus loin par trois raifons. La premiere, que tous les Revenus du Roy avec tous les Extraordinaires qu'on a pû y ajoûter pendant cette derniere * Guerre, n'ont point été à plus de CENT SOIXANTE MILLIONS *de livres ;* fonds fuffifant pour foûtenir la prodigieufe dépenfe que le Roy étoit obligé de faire, pour défendre l'Etat contre toutes les forces de l'Europe, s'il avoit pû être continué.

La feconde, que cette fomme fait prefque le

* C'eft celle qui a été terminée par le Traité de Rifwick.

tiers de l'argent monnoyé du Royaume ; & par conſequent qu'il n'eſt pas poſſible qu'elle entre pluſieurs années de ſuite dans les Coffres du Roy, ſans alterer le Commerce, qui ne peut ſubſiſter, ſi l'argent ne roule inceſſamment.

La troiſiéme, qu'il eſt évident par tout ce que j'ay dit, que cette quotité des Subſides, quoy que répartie avec une grande proportion, ne pourroit être pouſſée plus loin ſans ruiner les Peuples, principalement ceux qui n'ont point d'autre Revenu que celuy de leur Induſtrie, & du travail de leurs mains, leſquels ſeroient accablez & réduits à la mendicité, qui eſt le plus grand malheur qui puiſſe arriver à un Etat ; car la Mendicité eſt une maladie qui tuë dans fort peu de temps ſon homme, & de laquelle on ne releve point.

C'eſt pourquoy je croy devoir encore repeter icy, qu'au cas que ce Syſtême ſoit agréé, il faudra bien prendre garde à ne pas pouſſer la DIXME plus haut que le *Dixiéme*, & même n'en approcher que le moins qu'il ſera poſſible. Parce que la DIXME ROYALE levée au dixiéme, emporteroit deux ſols pour livre, en même temps que la Dixme Eccleſiaſtique & les Droits Seigneuriaux en enlevent autant ; & que le SEL de ſon côté en tirera à ſoy pour le moins deux autres, ce qui joints enſemble reviennent à ſix ſols pour livre, dont le Roy profitant de quatre pour la la *Dixme* & le *Sel*, & le Clergé & les Seigneurs

de

de deux, il ne reſtera plus que quatorze ſols pour
ſa part du Proprietaire & de ſon Fermier, ſur quoy
il faut faire tous les frais du labourage. De ſorte
que la Dixme étant élevée juſqu'au dixiéme des
fruits de la Terre, on doit compter que le Proprietaire ne joüiroit que du tiers du Revenu de ſa Terre, ſon Fermier de l'autre, & le Roy, l'Egliſe &
les Seigneurs de l'autre, ce qui ſeroit un joug bien
peſant, qu'on doit éviter d'impoſer tant qu'on
pourra, & ſoûtenir toûjours la DIXME ROYALE
le plus prés du Vingtiéme qu'il ſera poſſible; ſe
perſuadant que ſi une fois l'Etat eſt débaraſſé de
toutes les charges inutiles dont il eſt accablé, &
acquitté de ſes Dettes, que la Dixme au vingtiéme jointe aux trois autres Fonds, ſera plus que
ſuffiſante pour fournir à toutes les dépenſes neceſſaires de l'Etat, tant qu'il ne ſera pas queſtion de
Guerre.

O

✤✤✤:✤✤✤:✤✤✤✤✤✤✤:✤✤✤:✤✤✤

CHAPITRE II.

Utilité de la DIXME ROYALE. *Qu'elle fournira des Fonds suffisans dans les plus grandes necessitez de l'Etat, sans qu'on ait recours à aucune Taxe ou Moyen extraordinaire. Qu'elle fournira de quoy acquitter les Dettes de l'Etat. Qu'elle remettra les Terres en valeur, & donnera les moyens de les mieux cultiver.*

POUR peu qu'on vueille s'appliquer à bien examiner ce Systême, il sera facile de se convaincre qu'il est le meilleur, le mieux proportionné, & le moins sujet à corruption qui se puisse mettre en usage.

C'est un moyen sûr de subvenir aux Necessitez de l'Etat pour grandes qu'elles soient, sans que le Roy soit jamais obligé de créer aucune Rente sur luy; ni qu'il ait besoin du secours de la Taille ni des Aydes, ni des Doüanes Provinciales, ni d'aucunes affaires extraordinaires, telles qu'elles puissent être; non pas même de la part qu'il prend dans les Octrois des Villes du Royaume, dont les Murs, aussi-bien que les Portes & autres Edifices publics, déperissent depuis qu'on a ôté les moyens de les entretenir.

Ce moyen est encore sûr pour l'acquit des Dettes de Sa Majesté; pour le Rachat des Engagemens de la Couronne, & pour le remboursement des Charges de l'Etat ; même des Rentes créées sur l'Hôtel de Ville de Paris, qu'il est bon de diminuer le plus qu'il sera possible.

Enfin il remettra en valeur les Terres qui sont venuës à un trés-bas prix ; & on doit s'attendre que son exacte Observation ramenera l'abondance dans le Royaume, parce que les Peuples qui ne craindront plus la surcharge des Tailles personnelles, comme il a déja été dit, travailleront à qui mieux mieux. D'où s'ensuivra encore necessairement qu'avant qu'il soit peu, les Revenus du Roy & ceux des Particuliers s'augmenteront notablement ; & que le Royaume, dont le Peuple est fort diminué, se repeuplera bien-tôt, attendu qu'il s'y fera beaucoup de Mariages ; que les enfans y seront mieux nourris par rapport à la foiblesse de leur âge, & les Païsans mieux vêtus. Les Etrangers même viendront s'y habituer, quand ils s'appercevront du bonheur de nos Peuples, & qu'ils y verront de la stabilité. La Pauvreté sera bannie du Royaume ; on n'y verra plus les Ruës des Villes, & les grands Chemins pleins de Mendians, parce que chaque Paroisse se trouvera bien-tôt en état de pouvoir nourrir ses Pauvres, même de les occuper. Le Commerce de Province à Province, & de Ville à Ville, se remettra en vigueur, quand il n'y aura plus ni Aydes ni Doüanes au dedans du Royaume ; ce qui fera que la consommation sera d'autant plus grande, qu'elle sera plus libre. D'où

O ij

naîtra l'abondance des Denrées de toutes efpeces,
laquelle venant à fe répandre par tout le Royaume, fe fera bien-tôt fentir jufques fûr les Côtes,
où elle facilitera encore le Commerce étranger.
Et comme les Peuples cefferont d'être dans l'état
miferable où ils fe trouvent , & qu'ils devien-
dront plus aifez, il fera bien plus facile d'en tirer
les fecours neceffaires, tant pour les Fortifications
de la Frontiere, que pour les Ouvrages des Ports
de Mer, fûreté des Côtes , & Entreprifes de rendre navigables quantité de Rivieres, au trés-grand
bien des Païs qui en font traverfez ; les Arrofe-
mens des Païs qui en ont befoin ; le Defféchement
des Marais; les Plantis des Bois & Forêts où il en
manque ; le Défrichement de ceux où il y en a
trop ; & enfin la Réparation des grands Chemins:
tous Ouvrages d'autant plus neceffaires , qu'ils
peuvent tous contribuer confiderablement à la
fertilité des Terres de ce Royaume , & au Commerce de fes Habitans.

Ajoûtons que rien ne prouve tant la bonté de ce
Syftême que la Dixme Ecclefiaftique, qui eft d'ordinaire plus, ou du moins auffi forte que la Taille; & qui fe leve par tout fans plainte, fans frais,
fans bruit, & fans ruiner perfonne. Au lieu que la
levée de la Taille, des Aydes, des Doüanes , & des
autres Impofitions, dont ce Syftême emporte la
fuppreffion, font un effet tout contraire. Il n'y a
donc qu'à prier Dieu qu'il beniffe cet Ouvrage, &
qu'il luy plaife d'infpirer au Roy d'en faire l'Expe-

rience, pour être affuré d'un fuccés trés-heureux
pour luy & pour fes Peuples.

Au furplus, ce Projet peut être la Régle d'une
Capitation generale la mieux proportionnée qui
fût jamais, & dont les payemens fe feroient de la
maniere la plus commode & la moins fujette aux
contraintes. C'eft à mon avis l'unique & le feul
bon moyen qu'on puiffe employer à la levée des
Revenus du Roy, pour empêcher la ruine de fes
Peuples, qui eft la principale fin que je me fuis
propofée dans ces Memoires.

CHAPITRE III.

Maniere de mettre ce Syftême en pratique peu à peu.
Et ce qui doit être obfervé à cet effet.

BIEN que l'utilité de ce Syftême fe puiffe
prouver auffi démonftrativement qu'une pro-
pofition de Geométrie, & qu'il n'y ait aucun lieu
de douter de la poffibilité de fon execution; je ne
laiffe pas d'être perfuadé, que fi on entreprenoit
de l'établir tout à la fois & à même temps dans
tous les Païs où la Taille eft perfonnelle, on
pourroit peut-être y trouver bien des difficultez
par la quantité d'Oppofitions qu'on y feroit.
C'eft pourquoy mon avis eft de le conduire pied
à pied, jufqu'à ce que l'utilité en foit dévelopée,

& reconnüe du Public d'une maniere qui luy en
fasse voir tout le merite ; pour lors loin que personne s'y oppose, on le recherchera avec empres-
sement : mais il est vray qu'avant cela, il est necessaire de faire connoître cette utilité.

Pour y parvénir, je serois d'avis d'y proceder
par la voye de l'experience ; & à cet effet, de faire choix de deux ou trois Elections du Royaume,
en resolution, que si deux ou trois ans aprés qu'on
aura réduit leur Taille & leurs autres Subsides en
Dixme Royale, les Peuples n'en sont pas contens;
ou que ce nouveau Systême soit trouvé moins
avantageux pour le Roy que les précedens, de remettre les Tailles & les autres Subsides sur le vieux
pied.

Quoy que ce
Systême par la
liaison qu'il y a
entre toutes ses
parties, ne puis-
se bien paroître
ce qu'il est, que
dans son execu-
tion generale
par tout le
Royaume, cet
Essay ne laisse-
ra pas de faire
connoître l'a-
vantage réel
qu'on en peut
tirer.

Cela une fois disposé, Messieurs les Intendans
propres à cette execution, choisis & instruits à
fond des intentions du Roy; la premiere chose que
je me persuade qu'ils auront à faire, doit être de
s'assembler, pour concerter entr'eux la maniere
dont ils s'y pourront prendre pour établir cette
Dixme comme elle est proposée avec l'uniformité
requise ; & aprés qu'ils seront convenus de ce qu'ils
auront à faire, que chacun d'eux se rende à son
Intendance, pour y travailler conformément à ce
qu'ils auront resolu.

Mais comme cet Essay ne pourra mettre ce
Systême en pratique dans toute son étendüe, parce qu'on le suppose restreint à des Elections sepa-
rées & isolées tout autour par des Païs où la Dix-

me Royale ne fera pas encore établie, & qu'il eft
d'ailleurs neceffaire que le Roy ne perde rien de
ce qu'il avoit accoûtumé d'en tirer ; il faudra d'a-
bord commencer par examiner à quoy pourront
monter les Revénus que Sa Majefté en tire, pour
les convertir en Dixme, & diftribuer le Sel par Impofition; & le refte comme il eft expliqué cy-aprés
au Chapitre de l'Election de Vezelay. Ce qui fera que la Quotité de la Dixme fera plus haute
dans ces Elections de plus d'un tiers qu'elle ne feroit, fi ce Syftême étoit pratiqué par tout generalement.

La feconde application de ces Meffieurs doit être:
Premierement, d'examiner avec foin ce qu'il y aura
de perfonnes dans ces Elections qui tirent des Penfions, Gages ou Appointemens du Roy ; qui ont
des Rentes conftituées fur l'Hôtel de Ville de Paris, fur les Tontines, fur le Sel, fur les Poftes, ou
fur d'autres fonds qui foient à la charge du Roy :
Quels peuvent être les émolumens des Officiers de
Juftice, & de tous les Gens de Plume : Le Gain
des Marchands, des Artifans & des Manœuvriers :
Et quel nombre il y a de Serviteurs, pour les faire tous contribuer proportionnellement, & toûjours en bons Peres de familles, comme il eft dit
dans l'expofition du fecond Fonds de ce Syftême;
parce que cette contribution doit régler la Quotité des fruits de la Terre de ces Elections dans ce
commencement, ainfi que des autres Revenus.

Secondement, de prendre une auffi grande con-

noiſſance qu'ils le pourront de la quantité des Terres à Labeur, Vignes, Prez, Pâtures, Bois, Etangs,
Peſcheries, Maiſons, Moulins, & de tous autres
Biens ſujets à la DIXME ROYALE cy-devant ſpé-
cifiez, que contiendront ces Elections ; & ce que
ces Terres, Vignes, Prez, Bois, &c. peuvent rendre une année portant l'autre, afin de fixer avec
plus de proportion la Quotité de la DIXME ROYALE
des fruits, ſur ce qu'ils jugeront qu'elle pourra être
affermée, le montant de l'article précedent déduit, par rapport à la ſomme que ces Elections ont
coûtume de rendre au Roy, par la Taille, les Aydes, & tous autres Subſides quelconques ; même
pour la plus-valuë du Sel s'il y en a ; à quoy le
produit de la Dixme Eccleſiaſtique leur ſervira de
beaucoup.

Mais il y a une Obſervation importante à faire,
qui eſt, que la Dixme des Vignes & des Prez ſe
peut bien lever en eſpece, ou abonner : Mais qu'il
y aura de la difficulté pour la Dixme des Bois, dont
il faudra attendre les Coupes qui n'arrivent que de
neuf ans en neuf ans; ou de dix en dix; ou de quinze en quinze ; ou de vingt en vingt ans, comme
en mon Païs. Ou bien parce que ce ſeront des fû-
tayes, qui n'ayant point de Coupes réglées qui ne
ſoient trés-éloignées l'une de l'autre; Il n'eſt pas
poſſible d'en percevoir la Dixme en eſpece d'une
année à l'autre ſans troubler tout l'ordre des Coupes. Il faut donc neceſſairement l'abonner, ce qui
ſe doit faire comme une Taxe ſur chaque Arpent
de

de Bois, accommodée au prix de ce que la Coupe
vaut par Arpent dans chaque Païs, car cela eſt fort
different. Mais l'âge de la Coupe & le prix des
Ventes étant connu, il ſera aiſé de régler celuy de
la Dixme. Car ſuppoſé que celuy de la Vente la
plus commune d'une Coupe de vingt ans, ſoit de
quarante livres, cela reviendra à quarante ſols de
rente par an, dont ôtant le quart pour l'intereſt
des avances, les gardes & les hazards du feu & des
Larrons pendant vingt ans, le reſtant ſera de trente ſols, dont la Dixme au xxᵉ ſera de dix-huit
deniers, ce qui donnera pour dix Arpens 15 ſols;
Pour cinquante Arpens, 3 l. 15 ſ. Pour cent Arpens, 7 l. 10 ſ. Et pour mil, 75 liv. de Dixme,
& ainſi des autres de même prix & qualité.
Observation qui peut ſervir pour toutes les autres eſpeces qui y ont du rapport.

Je joindray cy-aprés une eſpece de Modêle de
cette converſion de la Taille, des Aydes, &c.
en Dixme Royale, comme je croy qu'elle
pourroit être faite, ſeulement pour en donner une
idée, ne doutant point que ceux que le Roy em-
ployera pour l'Eſſay de ce Syſtême, connoiſſant
l'importance du ſujet, ne le faſſent avec toute la
juſteſſe & la préciſion neceſſaires, ſelon la ſituation des Lieux, par la grande attention qu'ils y
donneront; & la correſpondance continuelle qu'ils
auront les uns avec les autres, pour garder une
parfaite uniformité qui eſt abſolument neceſſaire
dans de pareils établiſſemens.

P.

Au reste, comme la Quotité de la DIXME ROYALE, tant à l'égard des fruits de la Terre, que des Maisons, & de toutes les autres choses sur lesquelles elle s'étend, doit être certaine & sçûë de tous les Contribuables; il est important qu'elle soit déclarée par un Tarif public, qui fera renouvellé tous les ans, à cause des Augmentations & des Diminutions qui pourroient arriver d'une année à l'autre, suivant que les Affaires du Roy le requereront, & affiché à la porte de l'Eglise Paroissiale de chaque lieu, afin que chacun y puisse voir clairement & distinctement ce à quoy il est obligé.

Il y aura encore trois choses à observer à l'égard de la Dixme des fruits de la Terre, dont il est bon que Messieurs les Intendans choisis soient avertis. *La premiere* est, de faire défenses trés-expresses, à peine de confiscation, d'enlever les débleures de dessus la Terre, ni de mettre les Gerbes en tréseaux, que le Dixmeur Royal n'ait passé & levé sa Dixme. Cela se fait à la Dixme Ecclesiastique en plusieurs Païs. Il sera même necessaire d'obliger les Proprietaires d'avertir le Dixmeur Royal avant que de lier, afin que cette levée se fasse de concert, & que les fruits de la Terre ne souffrent point de déchet par le retardement du Dixmeur; ce qu'il est trés-important d'empêcher, tant pour ne pas donner au Peuple une juste occasion de se plaindre, que pour ne le pas mettre à la mercy du Dixmeur. *La seconde*, de régler comment le Dixmeur en doit user, quand ayant compté les Gerbes d'un

Il n'y a qu'à en tenir compte d'une Dixme à l'autre.

Champ, il en reſtera 4. 5. 6. 7. ou 8. plus ou moins que le compte rond. *La troiſiéme,* de faire défenſes, ſous de groſſes peines, de frauder la Dixme, ſoit par vol, dégaſt de Beſtiaux, Glanages, ou telle autre maniere de friponnerie que ce puiſſe être. Et c'eſt ſur quoy il faudra garder une grande ſeverité.

A l'égard du S E L, il en faudra proportionner la diſtribution au nombre des Habitans qui ſe trouveront dans l'étenduë de ces Elections, leur en faiſant donner, ſuivant l'Ordonnance, un Minot pour douze ou quatorze perſonnes, grands & petits, à 18. 22. 26. ou 30 livres le Minot, ſelon que les Affaires du Roy le requereront. Comme c'eſt le moins que quatorze perſonnes en puiſſent conſommer dans une année, il n'y a pas lieu d'apprehender qu'ils en meſuſent. Il ſera neceſſaire pour éviter les fraudes, que cette diſtribution de Sel ſe faſſe aux familles ſelon le nombre de Têtes de chacune ; par un Tarif exprés, qui marquera préciſément la quantité de livres, demy livres, onces, quarterons, &c. que chacun en doit avoir. Tout cela ſe peut réduire facilement à la petite Meſure ; & on pourroit même charger le Permier de la DIXME ROYALE, de cette diſtribution, lequel en feroit les deniers bons ; ſi mieux n'aimoient les Sauniers ordinaires la faire eux-mêmes.

Je ne puis m'empêcher ſur cela de faire obſerver encore une fois, qu'il y va de la conſcience du Roy de ne point ſouffrir qu'on faſſe paſſer le Sel en le meſurant, par une Tremie grillée de trois à quatre étages. Ce coulage eſt une ſupercherie inventée de

P ij

ce Régne au profit des Officiers du Sel, qui partagent les Revenans bons avec les Fermiers de la Gabelle; Action digne de châtiment, car le coulage du Sel au travers de ces Tremies grillées, en dérobe ordinairement dix livres par Minot. Je sçay qu'ils sont autorisez à cela par un Arrest du Conseil, mais je ne doute pas qu'il n'ait été surpris, ou donné sur de faux exposez. Si aprés cela les Habitans de ces Elections veulent davantage de Sel pour faire des salaisons, ils iront en prendre dans les Greniers à Sel. Ayant été imposé sur chaque Famille de cette Election, comme il a été dit cy-dessus, il n'y a pas lieu de craindre qu'ils en mesusent.

Il est sans difficulté que cet établissement fera quelque peine la premiere année; mais la deuxiéme tout se rectifiera & reviendra à cette proportion tant desirée, & si necessaire au bien de ce Royaume. Aprés l'arangement de cette Dixme achevé, on s'appercevra bien-tôt du bon effet qu'elle produira; en ce que les Peuples des Elections voisines, qui en reconnoîtront le merite, ne manqueront pas de demander le même traitement : c'est pourquoy il sera bon de les attendre, & on peut s'assurer que les premieres épines une fois arrachées, tout deviendra facile. On ne sçauroit donc trop s'attacher dans les commencemens à la perfection de cet Etablissement, & on ne doit point se lasser de corriger jusqu'à ce qu'on l'ait réduit à toute la simplicité possible; car c'est en cela même que doit consister sa plus grande perfection.

CHAPITRE IV.

Deux COMPARAISONS *faites de la* DIXME *Ecclesiastique à la* TAILLE *; l'une en Normandie dans l'Election de Roüen : l'autre dans l'Election de Vezelay en Bourgogne. Pour servir de Preuves à la bonté de ce Systême.*

PREMIERE COMPARAISON.

VOICY la Comparaison de la *Dixme Ecclesiastique* à la *Taille*, dont il a été parlé dans la premiere Partie de ces Memoires, pages 43. & 44. dans les 53. Paroisses cy-aprés nommées, prises de suite dans un même Canton, dont le Terroir est mediocre, situées au dessus de la Ville de Roüen : pour faire voir que la DIXME ROYALE au vingtiéme est plus que suffisante pour égaler le montant de la Taille.

Quotité de la Dixme.	Paroisses.	Tailles.	Dixmes.
La Dixme à la onziéme Gerbe.	Boos.	1800 l.	2500 l.
Idem.	Franquevillette.	800 l.	1000 l.
Idem.	Fresne.	1400 l.	2000 l.
Idem.	Mesnilraoult.	1500 l.	1800 l.
Idem.	Perüel.	800 l.	1000 l.
Idem.	Radepont.	810 l.	1200 l.
Idem.	Vandrimare.	200 l.	800 l.

Quotité de la Dixme.	Paroiſſes.	Tailles.	Dixmes.
La Dixme à la onziéme Gerbe.	Periés.	1800 l.	2000 l.
Idem.	La Neuville.	2500 l.	2600 l.
Idem.	Le Bourg-Beaudoüin.	910 l.	1000 l.
Idem.	Tranſiere.	150 l.	600 l.
Idem.	Grainville.	800 l.	1300 l.
Idem.	Fleury.	420 l.	700 l.
Idem.	Charleval. (Il y a Marché.)	1100 l.	900 l.
Idem.	Andé.	710 l.	800 l.
Idem.	Herqueville.	130 l.	700 l.
Idem.	Connelles.	460 l.	800 l.
Idem.	Watteville.	460 l.	1000 l.
Idem.	Daubeuf.	1300 l.	2000 l.
Idem.	Muidz.	1230 l.	1500 l.
Idem.	La Roquette.	850 l.	1500 l.
Idem. . . .	Le Thuit.	430 l.	800 l.
Idem.	Heuqueville.	1140 l.	2000 l.
Idem.	Anfreville.	900 l.	1500 l.
Idem. . . .	Douville.	310 l.	800 l.
Idem.	Houville.	820 l.	1600 l.

Quotité de la Dixme.	Paroisses.	Tailles.	Dixmes.
La Dixme à la onziéme Gerbe.	Caudouville.	1040 l.	1500 l.
Idem.	Marcouville.	230 l.	800 l.
Idem.	Baqueville.	1400 l.	1600 l.
Idem.	Villerest.	600 l.	1200 l.
Idem.	Fresne-l'Archevêque.	1980 l.	3800 l.
Idem.	Mussé-Gros.	440 l.	1200 l.
Idem.	Corny.	710 l.	1500 l.
Idem.	Ecoüy.	1100 l.	2500 l.
Idem.	Grainville. . . .	600 l.	1200 l.
Idem.	Crescenville. . . .	450 l.	480 l.
Idem.	Gaillarbois.	640 l.	1000 l.
Idem.	Arquensy.	580 l.	1600 l.
Idem.	Le Mesnil. . . .	1290 l.	1600 l.
Idem.	Boisemont.	2300 l.	4000 l.
Idem.	Suzé.	760 l.	1200 l.
Idem.	Neuville.	400 l.	1000 l.
Idem. . . .	Lalonde.	410 l.	1000 l.
Idem. . . .	Trouffeville.	730 l.	2000 l.
Idem.	Honnesiés.	2000 l.	2000 l.

Quotité de la Dixme.	Paroisses.	Tailles.	Dixmes.
La Dixme à la onziéme Gerbe.	Quisiniers.	2000 l.	2500 l.
Idem.	Flamesnil.	270 l.	600 l.
Idem.	Orgeville.	310 l.	400 l.
Idem. . . .	Phlippou.	260 l.	800 l.
Idem.	Vezillon.	560 l.	800 l.
Idem. . . .	Bonnasse.	680 l.	1000 l.
Idem.	Reninville & Canteloup.	900 l.	1400 l.
	PAROISSES, 53.	46370 l.	73080 l.

TOTAL de la *Dixme*. . . . . 73080 l.

TOTAL de la *Taille*. . . . . 46370 l.

ET partant la *Dixme* excede la *Taille* de la somme de   .   .   .   . 26710 l.

D'où il paroît que la Dixme Ecclesiastique à l'onziéme Gerbe comme elle se leve, excede la Taille en ces 53. Paroisses de la somme de . . . . . . 26710 l.

Nota. Que la Dixme est icy plus forte que dans l'Election de Vezelay.

Et si on dixmoit les Bois, les Pâtures & les Prez, cela iroit à la moitié plus que les Tailles: c'est-à-dire, que ces 53. Paroisses rendroient à la DIXME ROYALE au moins Quatre-vingt-dix ou Cent mil livres.

SECONDE

SECONDE COMPARAISON

DE LA TAILLE A LA DIXME

Ecclefiaftique, telles qu'elles ont été levées en l'année 1699. dans l'Election de Vezelay en Bourgogne, qui eft un des plus méchans Païs du Royaume. Cette Comparaifon fait voir que la DIXME ROYALE des fruits de la Terre, eft encore fuffifante pour égaler le montant de la TAILLE.

Quotité de la Dixme.	Paroiffes.	Dixmes.	Tailles.
La xvie Gerbe fur tout ce qui fe leve, de même que fur le Vin.	Vezelay. . . .	526 l.	1338 l.
La xxe Gerbe, point de Vignes.	Ampury. . . .	300 l.	327 l.
La xiiie Gerbe, & de même fur le Vin. . . .	Antien. . . .	1845 l.10 f.	1740 l.
La xiiie Gerbe, rien fur les Vignes.	Armes. . . .	365 l.	352 l.
Idem.	Afnan.	320 l.	1443 l.
La xvie Gerbe, de même fur le Vin. . . .	Afniere. . . .	542 l.	509 l.
La xvie Gerbe fur tout ce qui fe leve, de même que fur le Vin.	Aquin.	1285 l.	1310 l.
La xxe Gerbe, idem fur le Vin.	Blanay.	316 l.	229 l.

Q

Quotité de la Dixme.	Paroiſſes.	Dixmes.	Tailles.
La xxɪᵉ Gerbe , rien ſur les Vignes.	Bazoches. . .	603 l.	511 l.
La xɪɪɪᵉ Gerbe , & de même ſur le Vin. . . .	Bonneſſon. . .	359 l.	352 l.
La Dixme au xxɪᵉ, point de Vignes. . . .	Braſſy.	78 l.	548 l.
La Dixme au xxɪɪᵉ. . .	Broſſes.	560 l.	683 l.
La xvɪᵉ Gerbe, & de même ſur le Vin.	Buſſi-Lapelle. .	288 l.	250 l.
La xvᵉ Gerbe, & de même ſur le Vin. . . .	Cervon.	1957 l.	2442 l.
La Dixme au xxᵉ,point de Vignes.	Chalaux. . . .	74 l.	343 l.
La xxɪᵉ Gerbe., rien ſur les Vignes.	Charency. . .	1050 l.	610 l.
La xɪɪɪᵉ Gerbe , & le xxᵉ ſur le Vin.	Corbigny. . . .	1527 l.	4779 l.
La xɪɪɪᵉ Gerbe , & de même ſur le Vin.	Chitry la Mine.	646 l.	1091 l.
La xxɪᵉ Gerbe , point de Vignes.	Chors & Domecy. . . .	377 l.	477 l.
La xvɪᵉ Gerbe, & de même ſur le Vin.	Civry.	680 l.	384 l.
La xvɪᵉ Gerbe, & de même ſur le Vin. . . .	Diſangy. . . .	388 l.	508 l.

Quotité de la Dixme.	Paroisses.	Dixmes.	Tailles.
La XIIIᵉ Gerbe, & de même sur le Vin. . . .	Fles-Cusy. . .	375 l.	317 l.
La XVIᵉ Gerbe, & de même sur le Vin.	Fontenay, Poüilly, & Pierrepertuis.	992 l.	827 l.
La XXIᵉ Gerbe, point de Vignes.	Gacongne. . .	301 l.	200 l.
La XIIIᵉ Gerbe, & de même sur le Vin. . . .	Givry.	390 l.	404 l.
La XIIIᵉ Gerbe, rien sur le Vin.	Grenois.	672 l.	878 l.
Idem.	Huban.	480 l.	836 l.
La XVᵉ Gerbe, & de même sur le Vin. . .	Joux.	576 l.	1822 l.
La XVIᵉ Gerbe, & le XXᵉ sur le Vin.	Lisle sous Monreal.	968 l.	1547 l.
La XVIᵉ Gerbe, point de Vignes.	Lorme.	1174 l.	2420 l.
La XVIᵉ Gerbe, & de même sur le Vin. . . .	Lucy-le-Bois. .	1088 l.	784 l.
La XVIᵉ Gerbe, rien sur le Vin.	Lucy-Lichere.	375 l.	956 l.
La XXᵉ Gerbe, rien sur le Vin.	Marigny. . . .	600 l.	1218 l.

Quotité de la Dixme.	Paroisses.	Dixmes.	Tailles.
La xxe Gerbe, rien sur le Vin.	Massangy. . .	695 l.	813 l.
La xxe Gerbe, rien sur les Vignes.	Le Buisson. . .	400 l.	320 l.
La xxe Gerbe , point de Vignes.	Mehere. . . .	400 l.	477 l.
La xiiie Gerbe , rien sur les Vignes. . . .	Moissy-Moli-not.	269 l.	393 l.
Idem.	Monteliot. . .	696 l.	385 l.
Idem.	Neufontaine. .	800 l	1094 l.
Idem.	Nuarre.	521 l.	148 l.
Idem.	Pouques. . . .	1260 l.	930 l.
La xiie Gerbe, & de même sur le Vin. . . .	Precy-le-Sec. .	1213 l.	878 l.
La xxe Gerbe , & de même sur le Vin. . . .	Provency. . .	666 l.	425 l.
La xiiie Gerbe , & de même sur les Vignes. .	Rouages. . . .	778 l.	630 l.
La xiiie Gerbe, rien sur les Vignes. . . .	Saisy.	976 l.	600 l.
La xxe Gerbe, point de Vignes.	Saint André. .	570 l.	231 l.
La xxe Gerbe, & de même sur le Vin. . . .	Ste Colombe. .	734 l.	990 l.

Quotité de la Dixme.	Paroiſſes.	Dixmes.	Tailles.
La xxi Gerbe , point de Vignes.	S. Martin Dupuis. .	549 l.	715 l.
La xiiiᵉ Gerbe, idem ſur le Vin.	S. Pere. . .	2535 l.	1784 l.
Idem.	Teigny. . .	972 l.	209 l.
La xxiᵉ Gerbe , rien ſur les Vignes. . . .	Vauclois. .	276 l.	385 l.
La xiiiᵉ Gerbe , rien ſur le Vin. . . .	Veniol. . .	280 l.	281 l.
Idem.	Voutenay.	554 l.	426 l.
Idem.	Monceaux.	287 l.	435 l.
Total.	54.Paroiſſes.	37458 l. 10 ſ.	45025 l.

Partant la Taille a excedé la *Dixme Eccleſiaſtique,* de 7566 l. 10 ſ. ce qui pourroit donner quelque ſoupçon contre le Syſtême de la DIXME ROYALE, ſi on n'avoit autre choſe à dire. Mais il eſt à remarquer : 1°. Qu'il y a beaucoup de Paroiſſes dans cette Election où le Dixmeur Eccleſiaſtique ne perçoit point la Dixme des Vins. 2°. Que les Bleds ne ſont icy eſtimez qu'à huit deniers la livre ; les Seigles, Orges & Avoines à proportion, & les Vins à dix-huit livres le Muid ; au lieu que dans les Paroiſſes cy-deſſus de Normandie , dont la fertilité,

Nota. Que la moyenne proportionnelle de toutes ces differentes Dixmes, eſt à la xviᵉ Gerbe & ⅓ de Gerbe.

quoy que mediocre, eft fort au deffus de celle de
l'Election de Vezelay, les Bleds font eftimez à un fol
la livre , & la Dixme levée au xɪᵉ. On doit de
plus faire attention, que l'année 1699. fur laquelle nous nous réglons, eft une de celles qui a le
moins produit de Grains , & par confequent de
Dixme ; ce qui fe prouve par leur cherté, le Froment s'étant vendu fur le pied de douze deniers la
livre. Il eft de plus à confiderer que l'Election de
Vezelay, eft un des Païs du Royaume où il y a le
moins de Terres labourables ; que prés des deux
tiers de fon étenduë font remplis de Bois, ou Terres vagues & vaines. Que les Terres en culture
étant d'une fertilité bien au deffous de la mediocre, ne produifent que des Seigles, Orges & Avoines, & tout au plus le tiers de Froment ; & que
l'année 1699. étant celle qui a fuivi immediate-
ment la Paix , les levées des Revenus du Roy
étoient encore dans un excés infoûtenable ; Défaut qui ne fe peut continuer, fans reduire les Peuples à l'impoffible. Au lieu que la Dixme étant
proportionnée au rapport des Païs , fe peut foûtenir à perpetuité, avec certitude d'une augmentation continuelle des Revenus du Roy par les fuites. Dautant que le Païs fe repeuplant, le labourage
des Terres augmentera , la culture en fera beaucoup meilleure ; & beaucoup qui font abandonnées par impuiffance, fe défricheront ; les Beftiaux
de même que les hommes s'augmenteront, & la
D ɪ x m e R o y a l e par confequent. Au furplus
comme celle-cy n'excepte rien, & qu'on prétend
y affujétir tout ce qui porte revenu, elle furpaffe-

ra de beaucoup l'Ecclesiastique, parce que partie
des Vignes, & beaucoup d'Heritages particuliers
qui sont exempts de l'Ecclesiastique, seront assu-
jétis à la ROYALE, de même que les Prez, les
Bois, & les Bestiaux.

On sçait d'ailleurs que tous les Païs de ce
Royaume ont des proprietez trés-differentes les
uns des autres, qui produisent des Revenus differens. Tel abonde en Bled, qui n'a que peu ou
point de Vin, ou qui l'a de mediocre qualité. Tel
abonde en Vin, qui n'a que trés-peu de Bled;
d'autres manquent de Bois, d'autres de Prez, &
d'autres de Bestiaux. D'autres manquent presque
de tout cela, qui ont beaucoup de Fruits, de Manufactures & de Commerce. Et d'autres enfin
ont de tout, bien que peu de l'un & de l'autre.
Soit tout ce qu'on voudra, dés que la DIXME
ROYALE sera établie sur tout ce qui porte Revenu, rien ne luy échapera, & tout payera à proportion de son Revenu : seul & unique moyen de
tirer beaucoup d'un Païs sans le ruiner. Cela est
clair, & si clair, qu'il faut être ou stupide, ou
tout à fait mal intentionné, pour n'en pas convenir.

CHAPITRE V.

Supputation de ce qu'auroit produit la DIXME ROYALE dans l'Election de Vezelay, si elle y avoit été levée en 1699. selon ces Memoires.

RIEN ne peut prouver avec plus d'évidence, combien le Systême de la DIXME ROYALE seroit avantageux au Roy & à ses Peuples ; s'il étoit établi par tout le Royaume ; que de faire voir combien il auroit été profitable aux Habitans de l'Election de Vezelay, qui est, comme il a été dit, un des plus mauvais Païs du Royaume, si les levées de l'année 1699. y avoient été faites selon ce Systême. Année que nous nous sommes proposée pour Exemple, comme une des plus chargée de Tailles & autres Subsides.

Nous avons trouvé que la Taille personnelle de l'Election de Vezelay de cette année, a monté à . . . . . . 45075 liv.

Le debit du Sel sur le pied de 45 liv. le Minot, déduction faite des frais de Régie, cy . . . . 61000 liv.

Les Aydes à . . . . 9671 liv.

Les Jauges & Courtages à . . . . 2244 liv.

Les Octrois à . . . . 1540 liv.

Et les Décimes du Clergé environ à . 6000 liv.

TOTAL des levées qui se sont faites dans ladite Election pendant l'année 1699. non compris ce qui peut être du Domaine, à quoy on ne touche pas, 125530 liv.

Supposons

Suppofons aprés cela , qu'au lieu d'impofer la
Taille perfonnelle , comme on le fait dans l'ufa-
ge ordinaire, elle eût été convertie en DIXME
ROYALE , comprenant les Aydes , les Jauges
& Courtages , les Octrois , & les Décimes du
Clergé , fur le pied *du* XII*e* *fol à la livre* des Re-
venus , *ou de la* XII*e* *Gerbe.*

La groffe Dixme à proportion
de ce que l'Ecclefiaftique a produit, eût rehdu la fomme de . . 46822 l.

La Dixme verte comprenant
les Bois, partie des Vignes , & les
Prairies , 13048 l. 7 f. fçavoir les
Bois contenans 37383 Arpens, efti-
mez à deux livres le Revenu par
Arpent, faifant 74766 liv. dont la
Dixme au XII*e* eft de . . . . . . 6230 l. 10 f.

La partie des Vignes qui ne
paye point de Dixme Ecclefiaftique , par Eftimation . . . . 2000 l.

Les Prairies contenantes 5734
Arpens, eftimez à deux Chariots
de Foins par Arpent, à 5 l. le Chariot , 57340 liv. dont la Dixme au
XII*e* monte à . . . . 4778 l. 7 f.

Les Terres vagues, vaines & en
Communes, occupant une étenduë confiderable de Païs, & four-
niffant à la plus groffe partie de la
nourriture des Beftiaux, dont cette
Election fait commerce , merite-

59830 l. 17 f.

R

De l'autre part, 59830 l. 17 l.

roient qu'on y fît attention, &
qu'on les employât icy pour leur
contingent ; mais comme on ne
fçauroit connoître le Revenu de
ces fortes de Terres, ni en fixer la
Dixme autrement que par les Beftiaux qui en confomment le Pâ-
turage : J'eftime qu'on peut, fans
tirer à conféquence pour les autres Païs, affeoir un Droit modique fur chaque efpece defdits Beftiaux, équivalant à la Dixme de
la nourriture qu'ils en retirent,
pour tenir lieu de celle de ces fortes de Terres vagues, vaines & en
Communes.

On a compté dans ladite Election un peu devant l'année 1699.

1794 Bêtes Chevalines, que
nous eftimons à vingt fols de Dixme par an. . . . . . . 1794 l.

7815 Vaches, ou fuivans, à
dix fols. . . . . 3907 l. 10 f.

480 Bouriques, à fept fols. . . 168 l. 10 f.

402 Chévres, à cinq fols. . . 100 l. 10 f.

15870 Brebis, à cinq fols. . . . 3967 l. 10 f.

1467 Porcs, à fept fols. . . . . 513 l. 14 f.

4717 Bêtes de labeur, *néant*, parce qu'elles ne portent aucun profit.

70282 l. 11 f.

De l'autre part, 70282 l. 11 f.

Si on avoit réduit le SEL à 30 l.
le Minot, pour fuivre à peu prés
la proportion du Tarif, les 1440
Minots qui ont été debitez, auroient produit la fomme de . . .   43200 l.

Les quatre petites Villes de l'E-
lection de Vezelay contenant 964
Maifons, eftimées fur le pied du
XIIe de leur loüage, déduction faite de leurs Réparations. . . . .   1600 l.

Le XIIe du gain des Gens de
Pratique de la même Election,
eftimé à . . . . . .   1200 l. o.

Les Artifans & Manœuvriers
de la même Election, divifez en
trois Claffes : *La premiere*, de mil
bonnes Familles, auroient pû
payer 4 l. chacune fait . . . . . .   4000 l.

La feconde Claffe à mil Familles,
à 3 liv. chacune, . . .   3000 l.

La troifiéme contenant autres mil
Familles, à 2 liv. chacune, . . .   2000 l.

Il y a 80 Moulins, & 133 Etangs
dans cette Election, dont le XIIe
monteroit au moins à . . . . .   1800 l.

1148 Domeftiques, eftimez à
1 liv. l'un portant l'autre . . . . .   1148 l.

Officiers Royaux tirant Ga-
_____
128230 l. 11 L

De l'autre part, 128230 l. 11 f.

ges & Appointemens du Roy, pour
4000 liv. dont la Dixme au XIIᵉ,
eſt	333 l. 3 f. 4 d.

Total de la Dixme Royale au
douziéme, Cent vingt-huit mil
cinq cens ſoixante-trois livres,
quatorze ſols quatre deniers. . . 128563 l. 14 f. 4 d.

La Taille ordinaire, le Sel, les
Aydes, Jaugeages, Décimes, Octrois de l'année 1699. n'ont porté que la ſomme de . . 125530 l.

Partant la Dixme Royale au
XIIᵉ, y eût excedé de . . . . . . 3033 l. 14 f. 4 d.

Ce qu'il y auroit eu de gracieux à cela, c'eſt que
ſuppoſé cet Etabliſſement fait, & une Paix de durée, il n'y a point d'année que les Revenus du Roy
ne ſe fuſſent augmentez, ſans rien forcer ni violen-
ter perſonne; Benediction qui ne peut avoir lieu
que par le benefice de la Dixme Royale, qui
mettroit chacun en état, quand il auroit payé ſa
Dixme, de pouvoir dire, *cecy eſt à moy;* ce qui
leur auroit donné courage de s'employer à l'augmenter, & faire valoir de ſon mieux.

Enfin, il s'enſuit de cette Recherche, que ſi la
levée des Revenus de Sa Majeſté dans cette Election, s'étoit faite par la Dixme Royale l'année 1699. qu'elle en auroit été extrêmement ſou-

lagée. *Premierement*, en ce que les Peuples auroient gagné un tiers sur le Sel, qui est toûjours une partie considerable, sans que le Roy y eût rien perdu.

Secondement. Que les Exempts, Privilegiez, les Faux-Exempts, Demy-Exempts Ocultes & non Privilegiez, en auroient porté leur part, & payé comme les autres, à la décharge des Pauvres & de ceux qui sont sans protection, qui est toûjours un grand avantage pour l'Etat.

Troisiémement. Qu'il n'y auroit point eu d'executions; parce que la Dixme se payant sur le champ & en espece par les mains de son Dixmeur, personne n'eût été en demeure de payer : & par consequent point de frais, non plus que de Contributions tacites à titre de presens, pour avoir un peu de temps, lequel une fois expiré, les Contraintes recommencent plus cruelles que jamais. La même chose à l'égard des Bestiaux, en laissant le choix aux Proprietaires de payer en espece, ou de s'abonner.

Quatriémement. Que la maniere de percevoir ainsi la Dixme eût prévenu les Contraintes, de même que les non-valeurs.

Cinquiémement. Que la disproportion des Impositions par rapport au Revenu de chacun, de même que les Recommandations, n'auroient plus eu de lieu.

D'où se seroit ensuivi la suppression des passe-droits & des injustices qui s'exercent à cette occasion dans les Paroisses. Et bien que la Dixme au xir fût une grande charge, les Peuples de cette

Election s'en seroient trés-bien trouvez , & il n'eût
pas été question de diminuer d'une pistole les Revenus du Roy. Au lieu que continuant d'être imposez selon l'usage ordinaire, quand on diminuë-
roit la Taille & le Sel d'un tiers , les Peuples n'en
seroient guéres plus à leur aise. Et pour conclusion , cette Taille à laquelle se rapportent toutes
les autres Impositions selon l'usage qui se pratique, desole cette Election, & réduit les trois quarts
de ses Habitans au Pain d'Orge & d'Avoine, & à
n'avoir pas pour un Ecu d'habits sur le corps. D'où
s'ensuit la desertion des plus courageux, la mort &
la mendicité d'une partie des autres, & une trés-
notable diminution de Peuples , qui est le plus
grand mal qui puisse arriver dans un Etat. Il y a
six ou sept ans que cette remarque a été faite ; &
depuis ce temps-là le mal s'est fort augmenté, sans
compter que la septiéme partie des Maisons sont
à bas, la sixiéme partie des Terres en friche, & les
autres mal cultivées. Que beaucoup plus de moitié de la superficie de cette Election , est couverte
de Bois, de Hayes, & de Broussailles. Que la cinquiéme partie des Vignes est en friche , & les autres trés-mal-faites. Ajoûtons encore à tout cela,
que le Païs est sec & aride, sans autre Commerce
que celuy des Bois à floter , & d'un peu de Bétail.
Que la plûpart des Terres ne s'ensemencent que
de quatre ou cinq années l'une, & ne rapportent
que du Seigle, de l'Avoine, du Bled noir, trés-
peu de Froment : & le tout en petite quantité , ce
Païs étant naturellement le plus mauvais , & l'un

des moins fertiles du Royaume.

Au reste, tout ce que j'en dis n'eft point pris fur des obfervations fabuleufes & faites à vûë de Païs; mais fur des Vifites, & des Dénombremens exacts. & bien recherchez, aufquels j'ay fait travailler deux ou trois années de fuite ; c'eft pourquoy je les donne icy pour veritables.

Bien que tout ce qui a été dit cy-devant des Pa-roiffes de Normandie, & de l'Election de Veze-lay, fuffife pour faire connoître le grand bien qui peut arriver au Roy & à fes Peuples, du bon ufa-ge qu'on peut faire de la DIXME ROYALE ; je me fens encore obligé d'avertir, qu'attendu la diver-fité de Terroir dont toutes les Provinces du Royau-me font compofées, (n'y en ayant pas une feule qui fe reffemble,) il ne fe peut que les Eftima-tions cy-deffus, bien que faites avec toute la pré-cifion poffible, puiffent parfaitement convenir à toutes, il y aura fans doute du plus & du moins. Mais fi cette Propofition eft agréée, il fera du foin & du bon efprit de ceux qui feront chargez de fon Etabliffement, de fuppléer aux défauts qui s'y trouveront, le plus judicieufement qu'ils pourront, & toûjours par rapport à l'integrité de cette Pro-pofition, qui n'ayant pour objet unique que le fervice du Roy, le repos & le bonheur de fes Peu-ples, ne fçauroit être defaprouvée des Gens de bien.

Avant que de finir, je dois fupplier trés-hum-blement Sa Majefté pour laquelle ces Memoires. font uniquement faits, de vouloir bien fe donner

la peine de faire attention, que tant que la levée
de ſes Revenus s'exigera par des voyes arbitraires,
il eſt impoſſible que les Peuples ne ſoient expoſez à un pillage univerſel répandu par tout le
Royaume ; attendu que de tous ceux qui y ſont
employez, il n'y en a peut-être pas de cent un,
qui ne ſonge à faire ſa main, & à profiter tant
qu'il peut de ſon Employ ; ce qui ne ſe peut que
par des vexations indirectes ſur les Peuples. Et çe-
la eſt ſi vray, que ſi de l'heure que j'écris cecy, il
plaiſoit à Sa Majeſté d'envoyer nombre de Gens
de bien affidez dans les Provinces, pour en faire
une viſite exacte juſques aux coins les plus reculez & les moins frequentez, avec ordre de luy en
rendre compte ſans déguiſement, Sa Majeſté ſeroit trés-ſurpriſe d'apprendre, que hors le fer & le
feu, qui Dieu mercy n'ont point encore été employez aux Contraintes de ſes Peuples, il n'y a
rien qu'on ne mette en uſage ; & que tous les Païs
qui compoſent ce Royaume, ſont univerſellement
ruinez.

CHAPITRE VI.

CHAPITRE VI.

DEUX NOUVELLES TABLES,

POUR *servir de Preuve sur-abondante à la bonté du Systême de la* DIXME ROYALE.

SECONDE TABLE.

SI quelqu'un doutoit de la bonté de ce Systê-me, prétendant que les Estimations precedentes en soient trop fortes, il ne sera pas difficile de luy en prouver le merite, en supposant même que je me fusse trompé de *Vingt millions huit cens vingt-deux mil cinq cens livres* dans la premiere Estimation, ce qui n'est certainement pas. Et c'est ce qui paroîtra manifeste par la Table suivante.

Supposons donc les QUATRE FONDS comme cy-après seulement.

La grosse DIXME à . . 52000000 l.

L'INDUSTRIE à . . 11000000 l.

Le SEL à . . . . . 18000000 l.

Le REVENU FIXE à . . 15000000 l.

Total. . . . . 96000000 L.

La grosse *Dixme* & l'*Industrie* au xxe. Le *Sel* à 18 liv, le Minot : Le Debit en est réduit à 944444 Minots ⅓, dont les dix Augmentations pour aller de 18 à 30 liv. feront de 24 sols chacune.

S

PREMIERE AUGMENTATION
du DIXIE'ME des trois premiers Fonds fuppofez.

Total du Fonds fimple. . 96000000 liv. ⎫ La groffe *Dixme* &
                                                  ⎪ l'*Induftrie* au xixe. Le
Le *Dixiéme* des trois pre-   ⎬ *Sel* à 19 l. 4 f. le Mi-
  miers Fonds, ... 8100000 liv. ⎪ not. Et le *Revenu fixe*
TOTAL de la premiere   ⎭ demeurant toûjours le
  Augmentation, . . . 104100000 liv.   même.

SECONDE AUGMENTATION
du premier DIXIE'ME des trois premiers Fonds.

Total précedent. . . . 104100000 liv. ⎫ La groffe *Dixme* &
                                                  ⎪ l'*Induftrie* au xviiie. Le
Le *Dixiéme* des trois pre-   ⎬ *Sel* à 20 l. 8 f. le Mi-
  miers Fonds, . . . 8100000 liv. ⎪ not. Et le *Revenu fixe*
TOTAL de la feconde   ⎭ toûjours le même.
  Augmentation, . . . 112200000 liv.

TROISIE'ME AUGMENTATION
du premier DIXIE'ME des trois premiers Fonds.

Total précedent. . . . 112200000 liv. ⎫ La groffe *Dixme* &
                                                  ⎪ l'*Induftrie* au xviie. Le
Le *Dixiéme* des trois pre-   ⎬ *Sel* à 21 l. 12 f. le Mi-
  miers Fonds, . . . 8100000 liv. ⎪ not. Et le *Revenu fixe*
Bon. TOTAL de la troifiéme   ⎭ toûjours le même.
  Augmentation, . . . 120300000 liv.

QUATRIE'ME AUGMENTATION
du premier DIXIE'ME, *comme cy-devant.*

Total précedent. . . . . 120300000 liv.

Le *Dixiéme* des trois premiers Fonds, ...   8100000 liv.

La groſſe *Dixme* & l'*Induſtrie* au XVI. Le *Sel* à 22 l. 16 ſ. le Minot. Et le *Revenu fixe* toûjours le même.

TOTAL de la quatriéme Augmentation, . . . 128400000 liv.

Trés-bon.

CINQUIE'ME AUGMENTATION
du premier DIXIE'ME, *comme cy-devant.*

Total précedent. . . . 128400000 liv.

Le *Dixiéme* des trois premiers Fonds, . . .   8100000 liv.

La groſſe *Dixme* & l'*Induſtrie* au XVe. Le *Sel* à 24 liv. le Minot. Et le *Revenu fixe* toûjours le même.

TOTAL de la cinquiéme Augmentation, . . . 136500000 liv.

Fort.

SIXIE'ME AUGMENTATION
du premier DIXIE'ME, *comme cy-devant.*

Total précedent. . . . 136500000 liv.

Le *Dixiéme* des trois premiers Fonds, . . .   8100000 liv.

La groſſe *Dixme* & l'*Induſtrie* au XIVe. Le *Sel* à 25 l. 4 ſ. le Minot. Et le *Revenu fixe* toûjours le même.

TOTAL de la ſixiéme Augmentation, . . . 144600000 liv.

Trés-fort.

SEPTIE'ME AUGMENTATION
du premier DIXIE'ME, comme cy-devant.

Total précedent. . . . 144600000 liv.

Le *Dixiéme* des trois premiers Fonds, . . . 8100000 liv.

La groffe *Dixme* & l'*Induftrie* au XIIIe. Le *Sel* à 26 l. 8 f. le Minot. Et le *Revenu fixe* toûjours le même.

Trés-fort. TOTAL de la feptiéme
 Augmentation, . . . 152700000 liv.

HUITIE'ME AUGMENTATION
du premier DIXIE'ME, comme cy-devant.

Total précedent. . . . 152700000 liv.

Le *Dixiéme* des trois premiers Fonds, . . . 8100000 liv.

La groffe *Dixme* & l'*Induftrie* au XIIe. Le *Sel* à 27 l. 12 f. le Minot. Et le *Revenu fixe* toûjours le même.

Trop fort. TOTAL de la huitiéme
 Augmentation, . . . 160800000 liv.

NEUVIE'ME AUGMENTATION
du premier DIXIE'ME, comme cy-devant.

Total précedent. . . . 160800000 liv.

Le *Dixiéme* des trois premiers Fonds, ... 8100000 liv.

La groffe *Dixme* & l'*Induftrie* au XIe. Le *Sel* à 28 l. 16 f. le Minot. Et le *Revenu fixe* toûjours le même.

Idem. TOTAL de la neuviéme
 Augmentation, ... 168900000 liv.

DIXIEME AUGMENTATION
du premier DIXIE'ME, comme cy-devant.

Total précédent.	168900000 liv.	La groffe *Dixme* & l'*Induſtrie* au xe. Le *Sel* à 30 livres le Minot. Et le *Revenu fixe* toûjours le même.
Le *Dixiéme* des trois premiers Fonds, ...	8100000 liv.	
TOTAL de la dixiéme Augmentation, ...	177000000 liv.	*Trop fort.*

Par le contenu de cette TABLE, on *s*oit que ſuppoſé l'Eſtimation de la premiere trop forte de *Vingt millions huit cens vingt-deux mil cinq cens livres*, le Syſtême ſeroit encore excellent; puiſque dés la troiſiéme & quatriéme Augmentation, le Revenu ſera ſuffiſant.

Mais pouſſons cecy plus loin, & achevons de convaincre les plus incredules, en faiſant voir par une troiſiéme TABLE, que ſuppoſé la premiere Eſtimation trop forte de Trente millions, & plus, le Syſtême ſeroit encore bon; & pour cet effet, mettons la groſſe DIXME à Quarante-huit millions ſeulement, l'INDUSTRIE à dix, le SEL à ſeize, & le REVENU FIXE à douze; ce qui fait au total, *Quatre-vingt-ſix millions*; & pour les trois premiers Fonds, *Soixante & quatorze millions de livres*, dont le DIXIE'ME eſt *Sept millions quatre cens mil livres*, qui ſeront repetez à chaque Augmentation : Le tout ordonné comme il ſuit.

TROISIÉME TABLE.

La groſſe DIXME , . .	48000000 l.	La groſſe *Dixme* & l'*Induſtrie* au xxᵉ. Le *Sel* à 18 liv. le Minot : Le Debit en eſt réduit à 8 3 3 3 3 3 Minots,⅓, dont les dix Augmentations de 18 à 30 liv. ſeront de 24 ſ. chacune. Le Revenu fixe demeure toûjours comme il eſt.
L'INDUSTRIE , . .	10000000 l.	
Le SEL , ...	16000000 l.	
Le REVENU FIXE , . .	12000000 l.	
Total.	86000000 l.	

PREMIERE AUGMENTATION
du DIXIE'ME *des trois premiers Fonds , lequel ſera répeté à tous les Articles ſuivans.*

Total précedent. . . .	86000000 liv.	La groſſe *Dixme* & l'*Induſtrie* au xixᵉ. Le *Sel* à 19 l. 4 ſ. le Minot. Et le *Revenu fixe* toûjours le même.
Le *Dixiéme* des trois premiers Fonds , . . .	7400000 liv.	
TOTAL de la premiere Augmentation , . . .	93400000 liv.	

SECONDE AUGMENTATION
du DIXIE'ME.

Total précedent. . . .	93400000 liv.	La groſſe *Dixme* & l'*Induſtrie* au xviiiᵉ. Le *Sel* à 20 l. 8 ſ. le Minot. Et le *Revenu fixe* toûjours le même.
Le *Dixiéme* des trois premiers Fonds , . . .	7400000 liv.	
TOTAL de la ſeconde Augmentation , . . .	100800000 liv.	

TROISIÉME AUGMENTATION
du DIXIÉME.

Total précedent. . . . . 100800000 liv. ⎱ La grosse *Dixme* &
Le *Dixiéme* des trois pre-
miers Fonds, . . . 7400000 liv. ⎰ *l'Industrie* au XVIIe. Le *Sel* à 21 l. 12 f. le Minot. Et le *Revenu fixe* toûjours le même.

TOTAL de la troisiéme
Augmentation, . . . 108200000 liv.

QUATRIÉME AUGMENTATION
du DIXIÉME.

Total précedent. . . . 108200000 liv. ⎱ La grosse *Dixme* &
Le *Dixiéme* des trois pre-
miers Fonds, ... 7400000 liv. ⎰ *l'Industrie* au XVIe. Le *Sel* à 22 l. 16 f. le Minot. Et le *Revenu fixe* toûjours le même.

TOTAL de la quatriéme
Augmentation, ... 115600000 liv.

Bon.

CINQUIÉME AUGMENTATION
du DIXIÉME.

Total précedent. . . . . 115600000 liv. ⎱ La grosse *Dixme* &
Le *Dixiéme* des trois pre-
miers Fonds, ... 7400000 liv. ⎰ *l'Industrie* au XVe. Le *Sel* à 24 livres le Minot. Et le *Revenu fixe* toûjours le même.

TOTAL de la cinquiéme
Augmentation, ... 123000000 liv.

Bon.

SIXIEME AUGMENTATION
du DIXIE'ME.

Total précedent. . . . 123000000 liv.

Le *Dixiéme* des trois premiers Fonds, . . . 7400000 liv.

Bon. TOTAL de la sixiéme
Augmentation, . . . 130400000 liv.

La groſſe *Dixme* & l'*Induſtrie* au XIVᵉ. Le *Sel* à 25 l. 4 ſ. le Minot. Et le *Revenu fixe* toûjours le même.

SEPTIE'ME AUGMENTATION
du DIXIE'ME.

Total précedent. . . . 130400000 liv.

Le *Dixiéme* des trois premiers Fonds, . . . 7400000 liv.

Fort. TOTAL de la ſeptiéme
Augmentation, . . . 137800000 liv.

La groſſe *Dixme* & l'*Induſtrie* au XIIIᵉ. Le *Sel* à 26 l. 8 ſ. le Minot. Et le *Revenu fixe* toûjours le même.

HUITIE'ME AUGMENTATION
du DIXIE'ME.

Total précedent. . . . 137800000 liv.

Le *Dixiéme* des trois premiers Fonds, . . . 7400000 liv.

Très-fort. TOTAL de la huitiéme
Augmentation, . . . 145200000 liv.

La groſſe *Dixme* & l'*Induſtrie* au XIIᵉ. Le *Sel* à 27 l. 12 ſ. le Minot. Et le *Revenu fixe* toûjours le même.

NEUVIE'ME

NEUVIEME AUGMENTATION
du DIXIE'ME.

Total précedent. . . .	145200000 liv.	La groſſe *Dixme* & l'*Induſtrie* au xi². Le *Sel* à 28 l. 16 ſ. le Mi-not. Et le *Revenu fixe* toûjours le même.
Le *Dixiéme* des trois pre-miers Fonds, . . .	7400000 liv.	
TOTAL de la neuviéme Augmentation, . . .	152600000 liv.	

Trop fort.

DIXIE'ME AUGMENTATION
du DIXIE'ME.

Total précedent. . . .	152600000 liv.	La groſſe *Dixme* & l'*Induſtrie* au x². Le *Sel* à 30 livres le Mi-not. Et le *Revenu fixe* toûjours le même.
Le *Dixiéme* des trois pre-miers Fonds, ...	7400000 liv.	
TOTAL de la dixiéme Augmentation, ...	160000000 liv.	

Idem.

Par cette troiſiéme TABLE, on voit que dés la cinquiéme Augmentation, on commence à avoir un trés-bon Revenu; & que les ſuivantes le pouſ-ſent juſqu'à *Cent ſoixante millions*, ſans outre-paſſer le DIXIE'ME, qui eſt une ſomme dont on n'au-ra jamais beſoin, quelqu'Affaire qui puiſſe arriver, ſuppoſé l'Etat acquitté de ſes dettes : Preuve évi-dente de l'infaillibilité & de l'excellence de ce Syſtême.

T

On remarquera de plus, que le Debit du SEL dans la feconde TABLE, eft réduit à *Neuf cens quarante-quatre mil quatre cens quarante-quatre Minots* feulement ; & dans la troifiéme, à *Huit cens trente-trois mil trois cens trente-trois Minots*, qui eft affurément un Tiers moins qu'il ne s'en debite à quatorze perfonnes pour Minot, ainfi qu'il a été montré cy-deffus, page 89. ce qui diminuë d'un Tiers le Produit de ce Fonds, & fait voir de plus en plus la bonté de ce Syftême.

Mais fuppofé qu'il arrivât une Guerre auffi fâcheufe que celle que nous fouffrons aujourd'huy *, pour laquelle il falût des fonds plus confiderables que ceux de la DIXME ROYALE, fur le pied de la troifiéme TABLE, qui eft de *Cent foixante millions* ; il eft certain que pourvû qu'on obferve dans les Rentes de l'Hôtel de Ville de Paris, autant d'integrité & de bonne foy qu'on en a gardé jufqu'à prefent, on trouvera toûjours là des fonds pour fuppléer pendant plufieurs années à ce qui pourroit manquer au produit de la DIXME ROYALE ; qu'on rembourferoit dans la fuite aprés la Paix, fans être obligé de mettre aucun Impoft onereux, ni d'avoir recours aux Affaires extraordinaires qui font toûjours mauvaifes pour le Public & pour les Particuliers, de quelque maniere qu'on les puiffe concevoir.

* En 1704.

CHAPITRE VII.

Troisiéme PREUVE de la bonté & excellence de la DIXME ROYALE, tirée de l'Eſtimation des fruits d'une lieuë quarrée ; & de ce qu'elle pourroit nourrir de perſonnes de ſon crû.

NOUS avons une troiſiéme Preuve non moins ſenſible que les précedentes de l'excellence de ce Syſtême ; c'eſt celle qui reſultera de l'Eſtimation que nous allons faire des fruits d'une lieuë quarrée. Mais comme cette Eſtimation a ſon application à tout le Royaume, il ne ſera pas ſans doute mal à propos, que pour plus d'Intelligence, elle ſoit précedée du contenu de la France en lieuës quarrées ; & du Dénombrement des Peuples qu'elle contient.

PARAGRAPHE PREMIER

CONTENU DE LA FRANCE

en lieuës quarrées de vingt-cinq au Degré, mesuré sur les meilleures & plus récentes Cartes de ce temps, en 1704.

Noms des Provinces.	CARTES DE MESS^rs DE L'ACADEMIE.	Du Sieur DE LISLE.	Du Sieur NOLIN.	Du Sieur DE FER.	Du Sieur SANSON.
	Lieuës quarrées.				
La Bretagne.	1690.	1789.	2069.	2282.	2387.
La Normandie.	1491.	1422.	1524.	1913.	1825.
La Picardie.	633.	633.	703.	714.	720
La Flandre Françoise. . . .	210.	226.	217.	282.	246.
Partie du Comté d'Hainault.	161.	186.	172.	192.	193.
L'Artois.	241.	235.	208.	259.	289.
Le Cambresis.	28.	47.	41.	46.	50.
La Champagne, & la Brie Champenoise.	1674.	1910.	1846.	2004.	2192.
Les trois Evêchez, Metz, Toul & Verdun.	173.	160.	284.	284.	212.
L'Isle de France, & la Brie Françoise.	931.	857.	1066.	1150.	1001.
L'Orleanois, le Blaisois, & partie du Gâtinois. . . .	893.	847.	888.	1067.	1064.
Le Perche.	170.	188.	150.	223.	233.

Noms des Provinces.	CARTES DE MESS.rs DE L'ACADEMIE.	Du Sieur DE LISLE.	Du Sieur NOLIN.	Du Sieur DE FER.	Du Sieur SANSON.
	Lieües quarrées.				
Le Mayne	551.	568.	642.	696.	700.
L'Anjou.	529.	409.	485.	495.	497.
Le Poitou.	910.	1045.	1041.	1137.	1029.
La Touraine & le Saumurois.	397.	313	491.	513.	482.
Le Berry.	577.	598	624.	614.	642.
Le Nivernois.	363.	336.	339.	406.	403.
Le Bourbonnois.	336.	337.	319.	455.	440.
Duché de Bourgogne. . .	491.	885	1084.	1268.	1240.
Le Comté de Bourgogne. .	759.	898	837.	1084.	936.
L'Alface.	417.	404.	406.	463.	457.
La Breffe, le Bugey, & Principauté de Dombes. . . .	310.	317.	356.	292.	383.
Le Dauphiné.	1009.	1019.	1241.	1411.	1375.
La Provence, le Comtat d'Avignon, & la Principauté d'Orange.	1173.	1178.	946.	1055.	1577.
Le Lionnois, Foreft & Beaujolois.	463.	372.	446.	623.	587.
Les Sevennes qui comprennent le Givaudan, le Vivaretz & le Velay.	589.	623.	769	834.	831.
L'Auvergne.	883.	874	1054.	956.	1040

Noms des Provinces.	CARTES DE MESS^{rs} DE L'ACADEMIE.	Du Sieur DE LISLE.	Du Sieur NOLIN.	Du Sieur DE FER.	Du Sieur SANSON.
	Lieües quarrées.	....	....	....	....
Le Limofin.	347.	372.	410.	393.	389.
La Marche.	425.	463.	358.	557.	481.
Xaintonge, Angoumois & Aunix.	692.	631.	681.	676.	780.
La Guienne, le Perigord & le Bazadois.	1147.	1079.	950.	1223.	1117.
La Gafcongne, qui comprend les Landes de Bordeaux, & le Condomois. .	643.	512.	647.	602.	637.
L'Agenois, le Quercy & le Rowergue.	1103.	1012.	936.	1178.	1147.
Le Languedoc.	1590.	1444.	1835.	2097.	2060.
Le Rouffillon.	270.	243.	206.	206	271.
Le Comté de Foix, Couferans, Armagnac & Cominge.	1031.	797.	987.	948.	974.
Bigorre, Bearn, Soule, Navarre & Bafques.	636.	610.	805.	683.	740.
TOTAL.	26386.	25839.	27054.	31278.	31657.

Dont la moyenne proportionnelle eft de 28442 lieües & $\frac{4}{5}$

Je crois qu'on peut compter sur Trente mil lieuës quarrées , à cause des boffillemens de la Terre. Chaque lieuë quarrée contient, comme il a été dit , pages 15, & 16. quatre mil fix cens quatre-vingt-huit Arpens, quatre-vingt-deux perches & demie ; l'Arpent de cent perches quarrées , & la Perche de vingt pieds de long, & de quatre cens pieds quarrez , qui eft la mefure la plus ufitée pour les Terres labourables , les Prez & les Vignes.

PARAGRAPHE II.

ABREGÉ DU DENOMBREMENT

des Peuples du Royaume, en l'état qu'il étoit à la fin du dernier Siecle. Ce Dénombrement comprend les Hommes, les Femmes & les Enfans, de tous âges & de tout sexe.

Noms de ceux qui ont fait les Dénombremens particuliers.	Generalitez.	Nombre des Peuples.	Années.
Tiré d'un Dénombrement fait en 1694.	PARIS.	720000.	1694.
Tiré de Mr PHELYPEAUX Intendant.	Generalité de Paris.	856938.	1700.
Mr DE BOUVILLE. .	Generalité d'Or-leans.	607165.	1699.
Mr DE MIROMESNIL.	Generalité de Tours.	1069616.	1698.
Mr DE NOINTEL. .	Bretagne.	1655000.	1698.
Mrs FOUCAULT, DE VAUBOURG, & DE POMEREU. .	Normandie, divisée en trois Generali-tez.	1540000.	1698.
Mr BIGNON.	Picardie.	519500.	1698.
	Artois.	211869.	
Mrs DESMADRIS & DE BARENTIN. . .	Flandre - Flamin-gante.	158836.	
Mr DE BAGNOLS. . .	Flandre - Walonne.	337956.	1698.

Mr DE BERNIERES.

Noms de ceux qui ont fait les Dénombremens particuliers.	Generalitez.	Nombre des Peuples.	Années.
Mᵣ DE BERNIERES.	Païs d'Haynault.	85449.	1698.
Mᵣ DE S. CONTEST.	Les trois Evêchez.	156599.	
Mᵣ LARCHER l'a commencé, & Monsieur DE POMEREU l'a achevé.	Champagne, compris les Souverainetez de Sedan, de Raucourt, Châteaurenault, Duché de Boüillon ; ce que nous tenons du Luxembourg ; les Prevôtez de Stenay, Jamets, Dun, & le Comté de Clermont.	693244.	1698.
Mᵣ SANSON.	Generalité de Soissons.	611004.	1698.
Mᵣ FERRAND. . . .	La Bourgogne Duché, compris la Bresse, le Bugey, & le Païs de Geix.	1266359.	1700.
	Lyonnois.	363000.	
Mʳˢ DE LA FOND & D'HAROUIS.	Comté de Bourgogne.	340720.	
Mᵣ DE LA GRANGE.	Alsace.	245000.	1697.
Mᵣ LE BOUCHU. . . .	Dauphiné.	543585.	1698.
Mᵣ LE BRET.	Provence.	639895.	1700.
Mᵣ DE BASVILLE.	Languedoc.	1441000.	1698.
Tiré de feu ROUSSELOT, Directeur des Fortifications, & du GRAND-VICAIRE de l'Evêché d'Elne à Perpignan.	Roussillon, ...	80369.	

Noms de ceux qui ont fait les Dénombremens particuliers.	Generalitez.	Nombre des Peuples.	Années.
Mr D'ORMESSON...	Auvergne...	557068.	1697.
Mr DE BESONS....	Generalité de Bordeaux, compris le Comté de Bigore, le Mont de Marſan, Païs de Labour, & de Soule......	1482304.	1698.
Mr GUYET........	Bearn, & baſſe Navarre.......	241094.	1698.
Mr LE GENDRE....	Generalité de Montauban........	788600.	1699.
Mr DE LA BOURDONNAYE.	Generalité de Limoges.......	585000.	1698.
Mr BEGON......	Generalité de la Rochelle.......	360000.	1698.
Mr DE MAUPEOU..	Generalité de Poitiers........	612621.	1698.
Mr D'ARGOUGES...	Generalité de Moulins.........	324332.	1698.
Total.		19094146.	

Total general de tous âges & de tous ſexes, Dix-neuf millions quatre-vingt-quatorze mil, cent quarante-ſix perſonnes, qui diviſées par trente mil, donnent ſix cens trente-ſix perſonnes un peu plus d'un tiers par chaque lieuë quarrée, cy   19094146.

Voila fans doute un grand fujet d'étonnement
pour ceux qui croyent la France fi dépeuplée ; &
de quoy bien furprendre le celebre Voffius s'il étoit
encore en vie, d'avoir écrit qu'elle ne contenoit
que cinq millions d'Ames. Les plus anciens de ces
Dénombremens font ceux du Comté de Bourgogne, & de l'Alface, qui n'ont pas plus de douze
à quatorze ans. Celuy de Paris peut en avoir dix;
tous les autres font du commencement de ce Siecle, & ont été faits par les Intendans des Provinces en conféquence des Ordres qu'ils en ont reçûs de la Cour ; lefquels vray-femblablement n'y
ont pas épargné leurs foins. Cependant je ne puis
me figurer que Paris foit auffi peuplé qu'on le fait,
& que luy feul contienne prefque autant que fa
Generalité, qui eft une des plus étenduë du Royaume, & dans laquelle font renfermées quantité de
Villes, de Bourgs, & de Païs bien peuplez; ce
qui peut faire douter avec raifon qu'il n'y ait eu
quelque mécompte, ainfi que dans quelques autres Generalitez. Car j'en voy dont les Dénombremens doublent à peu de chofe prés celuy de la
Generalité de Paris; Nous devons cependant croire que ceux qui les ont faits, y ont apporté toute
l'exactitude poffible.

Si dans Paris nous fuppofons vingt-quatre mil
Maifons, les Fauxbourgs compris, comme quelques-uns le veulent, ce feroit trente perfonnes
par Maifon, tant grande que petite. Et s'il y a
trente mil Maifons au lieu de vingt-quatre, felon
d'autres; ce feroit encore vingt-quatre perfonnes

par maison l'une portant l'autre. J'ay bien de la peine à croire que cette Ville, toute grande qu'elle est, puisse être si peuplée.

Il seroit à desirer que le Roy voulût bien s'éclaircir davantage sur ces Dénombremens, en ordonnant une Revûë annuelle plus exacte, dont l'extrait se fist en Tables, comme nous le dirons cy-aprés, pour avoir toutes les particulieres uniformes. Il apprendroit par ce moyen.

Faire chaque année une Revûë exacte des Peuples du Royaume, & son Utilité.

I. Les Accroissemens & les Déperissemens de ses Peuples, & ce qui les cause.

II. Les accidens generaux & particuliers qui leur arrivent de temps en temps.

III. L'infinité de distinctions qui se sont introduites parmy eux; le mal qu'elles y causent, & le nombre de gens de chaque espece, qui les composent.

IV. En quoy consiste son Clergé; combien de Cardinaux, d'Archevêques, d'Evêques, d'Abbez Réguliers & Commendataires, & autres moindres Beneficiers Séculiers & Réguliers, à la Nomination de Sa Majesté; & leur Revenu.

V. Les differentes dignitez des Eglises & Chapitres; le nombre des Chanoines qui les composent, & generalement tous les Beneficiers servans toutes les Eglises Cathedrales & Collegiales du Royaume; leur Revenu & leurs Privileges.

VI. Le nombre des Eglises Paroissiales, & de leurs annexes ou succursales; celuy des Curez, Vicaires, Prêtres, & autres Ecclesiastiques qui les desservent; leur Revenu, & en quoy il consiste.

VII. Quelles font les Abbayes Régulieres, leur Ordre; le nombre des Religieux & Religieuses qu'elles entretiennent, & leur difference.

VIII. Combien de Communautez de Mendians, le nombre des Religieux qu'elles entretiennent, & leur difference; & generalement tout ce qui compofe l'Ordre Ecclefiaftique.

IX. Tout le Corps de la Nobleffe, y obfervant les differences & diftinctions, depuis le Roy jufqu'au fimple Gentilhomme.

X. Les Gens de Robbe & de Pratique de toutes efpeces; & leur difference, felon leur gradation & dignité.

XI. Toutes les efpeces de Manufactures, & le nombre de gens qu'elles occupent.

XII. Les Nouveaux Convertis, & ceux qui perfiftent dans leur erreur.

XIII. Les Lutheriens, fuppofé qu'il y en ait quelqu'un dans le Royaume; les Juifs, & Gens d'autre Religion.

XIV. Les Etrangers; & generalement tout ce qui meritera quelque remarque particuliere.

XV. Les Places fortes où il y a des Garnifons perpetuelles; & celles où il n'y en a plus.

XVI. Les Bâtimens publics de quelque confideration.

Et finalement tout ce qu'il y a de remarquable dans le Royaume qui merite attention.

On pourroit fe difpenfer de faire tous les ans l'Examen ou la recherche de l'état & Proprieté des Provinces, comme on a fait en dernier lieu, mais

la revûë pure & simple des Peuples. Et de dix en
dix ans, un Examen de l'état de ces mêmes Provinces, & de leurs proprietez particulieres. Se servir pour ces Dénombremens simples d'un Formulaire en Table, à la fin de laquelle on pourroit
joindre des Remarques courtes & succintes sur les
sujets qui auront rapport à ce Dénombrement.
Et à l'égard de l'Examen de l'état des Provinces,
je voudrois dresser un autre Formulaire sur le mo-
dèle des Memoires de Messieurs de Basville & de
Bouchu, qui ont trés-bien fait les leurs, ou de
quelqu'autre semblable.

Les Chinois, au rapport du Pere le Comte Je-
suite, & des autres Auteurs qui en ont écrit, ob-
servent une métode pour faire le Dénombrement
de leur Peuple trés-aisée, & qui paroît fort bien
ordonnée; on pourroit s'en servir, en corrigeant
ou ajoûtant ce que l'on trouveroit à propos. On
pourroit même pousser ces Dénombremens jusques aux Bestiaux, cela n'en seroit que mieux;
mais je n'estime pas qu'il soit bien necessaire. Il est
certain que le Roy en tireroit de grands avantages, ne fût-ce que d'apprendre tous les ans, comme nous venons de le dire, l'Accroissement ou le
Décroissement de ses Peuples, le plus ou le moins
d'Ecclesiastiques, de Moynes ou de Religieux qui
ne foisonnent que trop dans le Royaume; le trop
ou trop peu de Noblesse, & ainsi des autres Ordres, suivant quoy Sa Majesté seroit à même d'arrêter les trop grands accroissemens des uns, & de
procurer l'augmentation des plus foibles.

Au furplus, quoy que la France paroiſſe peuplée de Dix-neuf millions quatre-vingt-quatorze
mil tant de perſonnes; il eſt pourtant vray de dire que de l'étenduë & fertilité qu'elle eſt naturellement, elle en pourroit aiſément nourrir de ſon
crû juſqu'à vingt-trois, & même juſqu'à vingt-
cinq millions, & davantage. Le Détail de la lieuë
quarrée que nous mettrons à la ſuite de ce Paragra-
phe, contient la preuve de cette verité. Il eſt encore vray que dans tout le nombre qui s'en eſt trouvé, il y a prés d'un dixiéme de Femmes & de Filles plus que d'Hommes & de Garçons; preſque
autant de Vieillards & d'Enfans, d'Invalides, de
Mendians, & de gens ruinez, qui ſont ſur le pavé, que de gens d'un âge propre à bien travailler
& aller à la Guerre; la Famine & la Deſertion en
ayant conſommé beaucoup. A joindre que depuis
les premiers Dénombremens, dont on a tiré ces
Abregez, les Peuples ne ſe ſont pas augmentez; au
contraire ils ont diminué, en étant ſorti grande
quantité du Royaume, à l'occaſion de la preſente
Guerre, qui eſt celle où nous a engagé la Succeſſion
d'Eſpagne, par l'évaſion ſecrette & preſque continuelle qui ſe fait peu à peu des Nouveaux Convertis; ce qui joint au mécompte qui peut s'être gliſſé
dans ces premiers Dénombremens, pourroit bien
avoir cauſé une diminution de quatre à cinq mil
Ames. C'eſt de quoy nous ne tiendrons cependant
aucun compte, n'ayant rien qui nous prouve le plus
ou le moins; & c'eſt la raiſon pour laquelle nous
nous ſommes réduits à cinq cens cinquante perſonnes par lieuë quarrée.

PARAGRAPHE III.

DE'TAIL D'UNE LIEUE QUARRE'E de Païs mediocre, mis en culture commune; cette Lieuë de vingt-cinq au Degré. Pour servir de nouvelle Preuve à la bonté du Systême de la DIXME ROYALE.

LA lieuë quarrée de vingt-cinq au Degré, est de 2282 toises trois pieds de long, & de 5209806 toises ¼ en quarré, mesure du Châtelet de Paris, revenant à 4688 Arpens 82 Perches & demy, l'Arpent supposé de cent Perches quarrées, la Perche de vingt pieds, & le pied de douze pouces, ainsi qu'il a déja été dit cy-dessus.

Pour en faire la distribution en Païs cultivé, on la suppose traversée :

1. De deux Chemins Royaux de trente-six pieds de large, sur sept cens Perches de long chacun, cy . . . . . 25 Arpens 21 Perches.

2. De quatre autres Chemins communs de dix-huit pieds de large, sur sept cens Perches de long, chacun faisant pareille quantité de . . . . 25 Arp. 21 Perch.

3. D'une Riviere de huit cens Perches de long, sur deux de large, faisant . . . 16 Arp.

4. De

4. De trois Ruisseaux de quatre cens Perches de cours chacun, sur une demy Perche de large, ... 6 Arpens

5. D'Etangs ou Marais, pour environ . . . . 15.

6. De deux mil quatre cens Perches de longueur de Hayes de cinq pieds de large, ce qui fait . . . . 6.

7. L'Eglise & le Cimetiere, avec une Place au devant, pourra occuper . . . . 2.

8. Les Places des Maisons & Jardins, ... 250 Arp. 40 Per. $\frac{1}{2}$

9. Les Terres vagues, vaines ou en Communes, . . . 236.

10. Les Bois, tant de haute-fûtaye que taillis, ... 600.

11. Les Vignes, ... 300.

12. Les Prez, ... 500.

Restera pour les Terres labourables, cy . . . . 2707 Arp.

_____

TOTAL. . . . . 4688 Arp. 82 Per.$\frac{1}{2}$

Pour peu que la Terre bossille, la mesure augmente, mais nous n'en tiendrons aucun compte.

X

PARAGRAPHE IV.

RAPPORT DE CETTE LIEUE QUARRE'E
estimée au dessous du commun.

A les planter à douze pieds de distance l'un de l'autre, il y auroit de quoy en placer 4666.

On émonde & élague les Arbres des Chemins tous les ans, si ce sont Chesnes, Ormes ou Peupliers ; & le branchage qu'on en retire, peut servir au chauffage des Habitans.

LEs deux Chemins Royaux ne peuvent rapporter que par les Arbres plantez sur les bords, & les Bestiaux qui vont paître l'herbe qui y croît. Ces Arbres seront ou des Arbres fruitiers, ou des Chesnes, Ormes ou Peupliers, selon l'usage des Païs ; les premiers par leurs fruits, & les seconds par la coupe qu'on en fera de cinquante en cinquante ans, ne laisseront pas de produire un Revenu considerable, mais nous n'en ferons point de compte, & nous en laisserons le produit pour l'entretien des Chemins & des Ouvrages publics de la Campagne, & partant . . . . . . *Neant.*

Les quatre petits Chemins faisant ensemble une longueur double de celle des grands, on pourroit du moins y planter autant d'Arbres, qui rendroient encore un Revenu considerable, ... *Idem.*

Les bords des Eaux, qui pour l'ordinaire sont plantez de Bois, peuvent aussi produire considerablement, mais nous n'en ferons point d'estimation, & nous les laisserons à l'usage cy-dessus, ... *Idem.*

On ne dira rien icy de l'Article de la Pesche de la Riviere, Ruisseaux &

Etangs, parce qu'il fait partie du second Fonds.

Les Hayes pourront produire quantité de. Bourrées & de Fagots de leur
superflu , à l'usage des Habitans ; les
grands Arbres qui se trouveront y être
crûs ou plantez, feront aussi du Revenu. Cependant nous n'en ferons point
de compte , ... *Idem.*

L'espace occupé par l'Eglise & le Cimetiere, ... *Idem.*

Les Places occupées par les Maisons
& Jardins, peuvent produire des Fruits,
des Herbes & des Légumes pour des
sommes considerables, & donner lieu à
la nourriture de menu Bétail & de Volaille ; cependant nous ne mettrons encore rien pour cet Article, ... *Idem.*

Les Colombiers , ... *Idem.*

On ne parle point icy des Moulins à
Bled , à Huile & à Papier , Forges,
Martinets, Fenderies, Bâtoirs à Chanvre & à Ecorce, des Sciries à eau, Fouleries de Draps , Poudreries , Emouloirs, &c. parce qu'ils font partie du second Fonds.

Les Terres vagues & vaines , ou en
Communes, ne peuvent produire que
des Pâturages, quelques Garennes, Bois
ou Broussailles, dont nous ne ferons aucun compte icy , ... *Idem.*

Ceçy s'entend
des Maisons &
Jardins de la
Campagne, les
autres étant
comprises dans
le second Fonds.

Cet Article
peut encore fai-
re un Revenu
considerable.

Dés six cens Arpens de Bois, nous en laisserons deux cens pour croître en haute - fûtaye necessaire aux Bâtimens publics & particuliers, & nous n'en mettrons que quatre cens de taillis, pour faire chaque année une coupe réglée de vingt Arpens, laquelle portera quatorze Cordes par Arpent; ce qui fera deux cens quatre-vingt Cordes, sans y comprendre les Fagots, Cordes & Charbon, Bretillage & mauvais Bois: la Corde estimée à 4 liv. qui est le prix commun de mon Païs, cet Article donnera au moins . . . 1120 ł

On ne suppose les Coupes que de vingt en vingt ans.

Trois cens Arpens de Vigne, estimez à quatre Muids de récolte par commune année pour chaque Arpent, feront douze cens Muids, qui estimez à 11 liv. feront la somme de 13000 liv. mais attendu que les frais des façons & Vendanges en emportent la moitié ou approchant, nous ne mettrons icy que . . 6600 ł.

Le Muid de Paris contient 288 pintes mesure de Paris, équivalant à deux feüillettes de 144 pintes chacune, dont il faut ôter quatre pintes pour la lie.

Cinq cens Arpens de Prez, à deux Chariots par Arpent, feront mil Chariots, à cinq livres le Chariot, ... 5000 ł.

Regain ou Revivre, l'équivalent d'un demy Chariot par Arpent, & partant deux cens cinquante Chariots, à 5 liv. le Chariot, font . . . . 1250 ł.

On sera peut-être surpris de trouver icy le produit des Vignes plus fort que celuy des Prez, qui sont regardez communément comme le bien

comme le bien qui rend le plus, & qui s'aménage avec moins de frais, mais je ne l'ay fait qu'aprés des experiences réïterées; & je suppose d'ailleurs des Prez d'une valeur mediocre, pour donner une preuve plus certaine & évidente de la bonté du Systême.

Les Terres labourables divisées en trois Cours, dont deux en culture, l'autre en repos ; ceux en culture ensemencez, l'un de bon Bled , l'autre d'Orge ou d'Avoine, chaque cours faisant neuf cens deux Arpens , dont celuy de bon Bled ensemencé de 601 Septiers & demy , est estimé rapporter 3 ½ pour un , les semences remplacées , ce qui produiroit environ 2104 Septiers , un peu plus un peu moins, qui estimez, bon an mal an, à 6 liv. le Septier, donnera .. 12624 l.

On a mis icy la Récolte sur le plus bas pied qu'elle peut être ; car il y a peu de Terres cultivées, même dans les Montagnes, qui ne rendent au moins quatre pour un : & il y a beaucoup de Païs en France où elles rapportent communément 10. 12. & 15. pour

un ; mais dans un Système comme celuy-cy, on a crû devoir se réduire au produit des Terres les plus mediocres , pour en faire un rapport general.

Huit cens Arpens , ensemencez d'Orge ou d'Avoine , dont la Récolte doit égaler au moins celle des bons Bleds , & partant deux mil Septiers , estimez à 4 liv. feront . . . . 8000 l.

Cent deux Arpens de Pois , Féves, & Chenevieres , estimez à 15 liv. l'Arpent, ... 1530 l.

• Le Septier de Froment mesure de Paris, contient deux Mines , la Mine deux Minots , le Minot trois Boisseaux ; & doit ledit Septier peser 240 liv. poids de Marc ; il n'en pese ordinairement que 235.

TOTAL du produit de la lieuë quarrée , . - . - . . . 36124 l.

Que nous réduirons encore à trente-cinq mil pour la bonne mesure & les non-valeurs, qui est bien sûrement le moins qu'on la puisse estimer, supposant les Terres passablement cultivées & entretenuës à peu prés dans leur juſte valeur.

Si nous ſuppoſons preſentement la France con-tenir trente mil lieuës quarrées , qui eſt ce que nous avons trouvé par le meſurage le plus exact de nos meilleures Cartes ; & que pour tout Revenu des fonds de Terre , le Roy ſe contente d'exiger le vingtiéme de chaque lieuë quarrée ; pour la DIXME ROYALE, il ſe trouvera que le conte-nu en cet Article ſeul , luy vaudra *Cinquante-deux millions cinq cens mil livres* , qui eſt le moins qu'on ſe puiſſe raiſonnablement propoſer. Que ſi on ajoû-te à cela la Dixme de *l'Induſtrie* , & autres parties qui compoſent le ſecond Fonds ; le *Sel* réduit à dix-huit livres le Minot, qui eſt le troiſiéme Fonds : & le *Revenu fixe* , qui eſt le quatriéme , compoſé des Parties Caſuelles, des Doüanes ôtées du de-dans du Royaume , reculées ſur la Frontiere , & beaucoup moderées ; Des anciens Domaines de la Couronne ; De la Vente annuelle des Bois & Fo-rêts du Roy ; du Tabac, Caffé , Thé , Chocolat, Papier timbré ; Des Poudres & Salpêtres ; Des Poſtes , le Port des Lettres diminué , & réduit ſur le pied où elles étoient avant Mr de Louvois , avec les précautions énoncées aux pages 92. & 93. Des Amendes, Epaves, Confiſcations, &c. il ſe trouvera que le Roy peut aiſément ſe faire un Revenu or-dinaire de *Cent millions* , & plus , qui ſera preſque inſenſible , & n'incommodera perſonne. Que s'il ſurvient des affaires à Sa Majeſté qui l'obligent à de plus grandes dépenſes , Elle pourra rehauſſer la

DIXME ROYALE, le Sel, & la Dixme de l'Induſtrie, mais non le Revenu fixe, qui doit toûjours demeurer dans le même état : Par exemple, du 20. au 18 ; du 18. au 16 ; du 16. au 14 ; du 14. au 12 ; & du 12. au 10. qui eſt le point ſuprême qu'il ne faut jamais outre-paſſer. On repete cela ſouvent, parce qu'on ne ſçauroit trop le repeter ; car juſques-là tout le monde peut vivre, mais paſſé cela, le bas Peuple ſouffriroit trop. Eh ! pourquoy pouſſeroit-on la choſe plus loin ? & que voudroit-on faire d'un Revenu qui pourroit monter à plus de cent quatre-vingt millions ? S'il eſt bien adminiſtré, il y en aura plus qu'il n'en faut pour ſubvenir à tous les beſoins de l'Etat, tels qu'ils puiſſent être ; s'il l'eſt mal, on aura beau ſe tourmenter, tirer tout ce que l'on pourra des Peuples, & ruiner tous les Fonds du Royaume, on ne viendra jamais à bout de ſatisfaire l'avidité de ceux qui ont l'inſolence de s'enrichir du ſang de ſes Peuples.

Tout ce qui a été dit juſques icy, ſert à démontrer que la DIXME ROYALE, telle que nous la propoſons, eſt un moyen ſûr d'enrichir le Roy & l'Etat, ſans ruiner perſonne.

Reſte à faire voir ce que la Lieuë quarrée peut nourrir de monde de ſon Crû ; & par rapport à elle tout le Royaume, ſans être obligé d'avoir recours aux Etrangers.

Nous avons trouvé que la lieuë pouvoit produire 2104 Septiers de bon Bled : Ajoûtons-y un

Il y auroit encore beaucoup à eſperer de l'amelioration & de la culture des Terres, de l'augmentation du Commerce, & de quantité d'autres œconomies qui ſe peuvent faire.

quart d'Orge aux dépens du cours des petits Bleds, viendra 2630 Septiers. Nous eſtimons que cha-que perſonne peut conſommer environ trois Se-ptiers de Bled par an ; il eſt vray que les Vieillards au deſſus de cinquante ans, les Enfans au deſſous de dix ; & ceux qui mangent de la viande & boi-vent du vin, en mangeront moins ; mais hors ceux-là, il s'en trouvera peu qui ne conſomment leurs trois Septiers de Bled meſure de Paris, & même au-delà par commune année.

Si nous diviſons donc 2630 Septiers par trois, viendra 876 perſonnes ; laiſſons-en vingt-ſix pour la part des Oyſeaux, Chiens, Chats, Rats, & au-tres animaux domeſtiques & ſauvages, & réduiſons-nous à 850 perſonnes par lieuë quarrée ; il ſe trouvera que ſi la France en contient trente mil, elle pourra aiſément fournir de ſon Crû à la nour-riture de *vingt-cinq millions cinq cens mil Ames*, nom-bre aſſurément fort ſuperieur à celuy qu'elle con-tient preſentement.

Tous les Détails cy-deſſus étant des Preuves convaincantes & démonſtratives de la bonté & de l'excellence du Syſtême de la DIXME ROYALE, & des avantages réels & effectifs qu'on en doit eſperer ; ne le ſont pas moins de la neceſſité de ſon établiſſement, que nous avons d'ailleurs am-plement expliqué.

CHAP. VIII.

CHAPITRE VIII.

OPPOSITIONS ET OBJECTIONS,
Qui pourront être faites contre ce Syſtême.

IL y auroit de la temerité à prétendre que ce
Syſtême pût être generalement approuvé. Il
intereſſe trop de Gens pour croire qu'il puiſſe plai-
re à tout le monde. Il déplaira aux uns, parce qu'ils
joüiſſent d'une Exemption totale, tant pour leurs
Perſonnes, que pour leurs Biens : & que ce Syſtême n'en ſouffre abſolument aucune, telle qu'elle
ſoit. Aux autres, parce qu'il leur ôteroit les moyens
de s'enrichir aux dépens du Public, comme ils ont
fait juſqu'à preſent : & aux autres enfin, parce
qu'il leur ôtera une partie de la conſideration qu'on
a pour eux, en diminuant ou ſupprimant tout-à-
fait leurs Emplois, ou les reduiſant à trés-peu de
choſe. Et c'eſt ce que nous expliquerons par ordre. C'eſt pourquoy on ne doit pas être ſurpris,
ſi la critique la plus mordicante ſe déchaîne pour
le décrier ; mais je ſuis d'avis de laiſſer dire, & de
ne s'en point mettre en peine. Quand un grand
Roy a la juſtice de ſon côté jointe au bien évident
de ſes Peuples, & deux cens mil hommes armez
pour la ſoûtenir, les Oppoſitions ne ſont guéres
à craindre.

Y

I. Entre ceux qui l'approuveront le moins , & qui feront tous leurs efforts pour le faire rejetter, Meſſieurs des Finances pourront bien y avoir la meilleure part. Parce que n'étant plus queſtion de tant de Fermes , ni d'aucune Affaire extraordinaire, il eſt ſans doute que leur grand nombre ne ſera plus neceſſaire pour la Direction des Finances, & que ceux-mêmes qui y demeureront employez ſous les ordres de Monſieur le Contrôleur General, n'auront pas de grandes diſcuſſions à faire ; ce qui marque déja un grand bien pour l'Etat en general.

II. Les Fermiers Generaux ne l'approuveront pas auſſi , non ſeulement parce que les Fermes ſeroient réduites à un trés - petit nombre ; mais encore , parce qu'il ôteroit bien des Revenans bons à celles qui reſteroient , & les débroüilleroit de maniere , qu'on y verroit bien plus clair que par le paſſé ; ce qui ne ſeroit pas ſans quelque déchet des moyens qu'ils ont eu juſqu'icy de faire leurs Affaires.

III. Les Traitans & Gens d'Affaires en ſeront les plus fâchez , parce qu'ils n'en auront plus du tout ; & c'eſt ce qui leur fera trouver ce Syſtême bien mauvais.

IV. Meſſieurs du Clergé ne l'approuveront peut-être pas tout-à-fait , parce que le Roy ſe payant par ſes mains, il ne ſera plus obligé de les Aſſembler , & de leur faire aucune demande, non plus qu'aux autres Corps de l'Etat ; la DIXME

ROYALE dixmant fur tout , dixmera auffi la leur ; ce qui pourra caufer quelque chagrin tacite aux plus élevez, mais les autres en feront bien ai- fes , parce qu'ils payeront leur Contribution en Denrées, fans être obligez de mettre la main à la Bourfe. D'ailleurs les proportions y étant bien ob- fervées , le haut Clergé ne fe déchargera plus aux dépens du bas, comme ceux-cy fe plaignent qu'ils ont fait jufqu'à prefent.

V. La Noblesse qui ne fçait pas toûjours ce qui luy convient le mieux, s'en plaindra auffi ; mais la réponfe à luy faire, eft contenuë dans les Maxi- mes mifes à la tête de ces Memoires. Aprés quoy, l'on trouvera icy à la marge de quoy l'appaifer, fi elle eft raifonnable ; & ce d'autant plus, que la léfion qu'elle en fouffrira , ne fera qu'imaginai- re, puis qu'au contraire fes Revenus en augmen- teront par la meilleure culture & la plus-valuë des Terres, & par la plus grande confommation qui fe fera des Denrées.

VI. Les Exempts par Charges, vieux & nou- veaux, feroient ceux qui auroient, ce femble, plus de raifon de s'en plaindre , puifque la D I X M E ROYALE éteindra & fupprimera les Exemptions qu'ils ont achetées bien cher. Mais cette même Dixme, en procurant à ce Royaume le plus grand bien qui luy puiffe arriver, donnera encore moyen de rembourfer peu à peu ceux dont les Emplois ne font pas neceffaires.

VII. Le Corps des Gens de Robbe fe pourra

LA NOBLESSE des Païs où la Taille eft perfonnelle, la paye par fes Fermiers ; & toutes les autres Charges par fes Confommations. Elle eft trés-fouvent agitée de Re- cherches & d'Affaires ex- traordinaires. Elle eft fu- jette à l'Arriere-Ban, ou à des Taxes équivalentes. Or fi en la déchargeant de toutes ces Impofitions one- reufes , elle étoit traitée comme il eft propofé par les Articles fuivans, il eft certain qu'elle gagneroit beaucoup à l'établiffement de la DIXME ROYALE, parce qu'il ne feroit plus queftion de Tailles , ni d'Aydes; ni d'acheter le Sel fi cher ; ni de tant d'autres Impofitions fur toutes les Denrées qui font neceffaires à l'ufage de la vie, fur les Habits, & les Meubles dont la Nobleffe

fait bien plus de confom-
mation que les Roturiers,
& qui les rencheriffent de
prés de la moitié de leur
jufte valeur. En forte que
fi le tout étoit bien recher-
ché, on trouveroit que les
Gentilshommes ne font
pas moins chargez que les
Paifans,& qu'ils font mê-
me fujets à beaucoup de
Droits qui leur font in-
connus.

PRIVILEGES

Qu'on peut accorder
à la Nobleffe en fa-
veur de la DIXME
ROYALE.

I.

L'Exemption de l'Ar-
viere-Ban, qui eft une
Charge fort onereufe.

II.

Celle de leurs Vergers,
Jardins & Baffecour.

III.

Qu'à eux feuls foit
permis le port de l'E-
pée & des Armes à feu,
comme aux Gens de
Guerre.

IV.

Permiffion aux Famil-
les incommodées d'exer-
cer le Commerce en gros,

peut-être joindre aux autres Plaignans, parce que les Emolumens de leurs Charges fe trouveront affujétis à la DIXME ROYALE comme les autres. Mais les Maximes fur lefquelles ce Syftême eft fondé, les doivent d'autant plus fatisfaire, qu'elles font pour ainfi dire l'ame de Loix, dont ils font les Interpretes, comme ils doivent être garands de leur execution.

VIII. Les Elûs & les Receveurs des Tailles ne manqueront pas d'y trouver à redire, parce qu'il leur ôtera plufieurs petites douceurs, & bien de la confideration; mais en rembourfant peu à peu les Charges de ceux dont on n'aura plus befoin, & payant les Gages aux autres, ils ne feront pas en droit de s'en plaindre.

IX. Peut-être que le Peuple criera d'abord, parce que toute nouveauté l'épouvente; mais il s'appaifera bien-tôt, quand il verra d'une maniere à n'en pouvoir douter, que cette innovation a pour objet principal & trés-certain, de le rendre bien plus heureux qu'il n'eft.

X. Tous ceux enfin qui fçavent pefcher en eau trouble, & s'accommoder aux dépens du Roy & du Public, n'approuveront point un Syftême incorruptible, qui doit couper par la racine toutes les pilleries & mal-façons qui s'exercent dans le Royaume dans la levée des Revenus de l'Etat.

Pour conclufion, on ne doit attendre d'approbation que des veritables gens de bien & d'honneur, defintereffez, & un peu éclairez; parce que la cupidité de tous les autres , ſe trouvera léſée dans cet établiſſement.

Mais la Réponſe à faire à tous ces Plaignans, eſt de les renvoyer aux Maximes qui ſont à la tête de ces Memoires , & qui en font le fondement, deſquelles ils ne ſçauroient diſconvenir ; à ſçavoir, l'obligation naturelle qu'ont tous les Sujets d'un Etat , de quelque condition qu'ils ſoient, de CONTRIBUER à le SOUSTENIR à proportion de leur Revenu , ou de leur Induſtrie , ſans qu'aucun d'eux s'en puiſſe raiſonnablement diſpenſer. Tout privilege qui tend à l'exemption de cette Contribution étant injuſte & abuſif. S'ils ſont raiſonnables ils s'en contenteront ; & s'ils ne le ſont pas, ils ne meritent pas qu'on s'en mette en peine, attendu qu'il n'eſt pas juſte que le Corps ſouffre, pour mettre quelques-uns de ſes membres plus à ſon aiſe que les autres.

Venons preſentement aux Objections. Comme les Preuves que nous avons données de la bonté du Syſtême de la DIXME ROYALE , emportent le conſentement de l'eſprit de ceux-mêmes qui ne le voudroient pas , on a recours à de prétendües impoſſibilitez , leſquelles bien examinées s'évanoüiſſent.

Ces Objections ſe réduiſent à quatre. La premiere regarde les Granges pour renfermer la Dixme des fruits ; & on prétend que pour les bâtir il faudroit des ſommes immenſes. La ſeconde, qu'on ne trouvera point de Fermiers qui les veulent affermer. La troiſiéme, que ſi on en trouve, ils ſeront

comme on fait en Angleterre ; même de ſe faire Fermiers de la DIXME ROYALE.

V.

Exemption de tous Logemens de Gens de Guerre.

VI.

Compoſer tout le Domeſtique de la Maiſon du Roy de Gentilshommes, depuis les plus bas Officiers juſqu'aux premiers.

VII.

Item. Ceux de la Reine , des Enfans de France, & des Maiſons Royales.

VIII.

Tous les Officiers des Gardes du Roy , Gendarmes , Chevaux-Legers , & Mouſquetaires.

IX.

Item. Ceux du Régiment des Gardes Françoiſes.

X.

Tous les Cavaliers des Gardes du Corps , Gendarmes & Chevaux-Legers.

sans caution. Et la quatriéme enfin, que le Roy a besoin d'argent present & comptant, & que les Dixmes n'en donnent que tard.

On a déja répondu à ces Objections, lors qu'on a traité le premier Fonds de la DIXME ROYALE, d'une maniere qui ne souffre point de replique. On a montré que dans plus de la moitié de la France, on ne se sert point de Granges pour renfermer la récolte des fruits ; & on a fait voir par une supputation exacte, qu'en Normandie & ailleurs, où les Granges sont en usage, que quand les Fermiers du Roy n'en trouveroient pas avec autant de facilité que font les Fermiers des gros Décimateurs Ecclesiastiques , une somme de mil ou douze cens livres sera plus que suffisante pour bâtir une Grange capable de renfermer une Dixme de deux mil livres de rente au moins ; & que l'avantage que le Peuple recevroit par cette maniere de lever la Taille , qui auroit toûjours une proportion naturelle au revenu des Terres, sans qu'elle pût être alterée ni par la malice & la passion des hommes, ni par le changement des temps ; & qui le délivreroit tout d'un coup de toutes les Vexations & Avanies qu'il souffre de la part des Collecteurs , des Receveurs des Tailles , & de leurs Suppôts, & tout ensemble des miseres où le réduit la perception des Aydes comme elles se levent , compenseroit abondamment la dépense de la Grange, qui pourroit être avancée par les Fermiers, & reprise sur les Paroisses pendant les six

ou neuf années du premier Bail , ce qui iroit à très-
peu de chose. Que comme les gros Décimateurs
Ecclesiastiques ne manquent point de Fermiers
avec de bonnes Cautions, pour prendre leurs Dixmes à Ferme, dont ils payent même le prix de mois
en mois par avance, le Roy n'en manqueroit pas
non plus. Et quant à la derniere Objection qui
paroît la plus plausible ; on a dit , que la Taille ne
se paye ordinairement qu'en seize mois , & qu'il y
a toûjours beaucoup de non-valeurs. Que l'experience de ce qui se passe entre les Décimateurs Ecclesiastiques & leurs Fermiers , étoit une conviction manifeste que le Roy sans se faire faire
aucune avance, pourroit faire remettre le produit
des Dixmes dans les Coffres en douze ou quatorze
mois au plus sans aucune non-valeur. Il est vray
qu'il y a de certains Païs dans le Royaume où
l'argent étant rare, la vente des fruits n'est pas
toûjours presente ; mais cette Objection se resout
par le payement de la Taille même, qui ne peut
être faite que de la vente des fruits de la Terre.
C'est pourquoy si toutes sortes de Gens solvables
sont reçûs aux Encheres, comme les Curez , les
gros Bourgeois, les Gentilshommes mêmes, que
cela ne fasse point de tort à la qualité de ceux-
cy, & que tous y puissent faire un gain honnête,
la DIXME ROYALE ne demeurera pas ; &
dés qu'un Fermier sera en état de payer une année ou deux d'avance , il ne sçauroit manquer
d'y bien faire ses affaires. Ainsi cette difficulté se

réduit à rien , en ramenant les chofes à leur principe.

De plus, la DIXME ROYALE aura encore cette utilité, qu'elle produira par les fuites quantité de petits Magafins de Bled dans les Paroiffes , lefquels en foulageant les Peuples dans les cheres années , enrichiront ceux qui les auront faits.

C'eft ainfi que les Romains en ont ufé non feulement pendant le temps de la République, mais encore pendant que l'Empire & les Empereurs ont régné. Les Subfides qu'ils levoient fur les Peuples, confiftoient principalement dans la Dixme des fruits de la Terre, fans diftinction de qui que ce foit, non pas même des Terres des Eglifes ; & ils fe fervoient heureufement de ces fruits , tant pour la fubfiftance de leurs Armées, que pour la nourriture des Peuples mêmes , à qui ils faifoient diftribuer le Bled à un certain prix dans les temps de Difette. Il eft manifefte par nôtre Hiftoire, que les Rois de la premiere & feconde Race , & même quelques-uns de la troifiéme en ont ufé à peu prés de même , jufqu'à ce qu'ils ayent entierement gratifié l'Eglife de la part qu'ils avoient aux Dixmes.

CHAPITRE IX.

✽✽✽✽✽✽✽✽✽✽✽✽✽✽✽✽✽✽✽✽✽✽✽✽✽✽✽✽✽✽

CHAPITRE IX.

ESTAT ET ROLLE
des Exempts.

IL ne fera pas inutile de joindre icy un Etat de tous ceux qui joüiffent de l'Exemption de la Taille, du Taillon, de l'Uftenfile, des Logemens de Gens de Guerre & autres Charges, tant pour leurs Perfonnes, que pour leurs Biens ; & qui la procurent aux autres par leur autorité ou par leur faveur.

PREMIEREMENT.

Les Terres que le Roy, la Reine, Monfeigneur le Dauphin, les Enfans de France, & les Princes du Sang poffedent comme Seigneurs particuliers : même celles de leurs principaux Officiers & Domeftiques, lefquelles ne pouvant plus être protegées extraordinairement felon ce Syftême, payeroient comme les autres, fans diftinction, la DIXME ROYALE.

I I.

Celles des Miniftres & Secretaires d'Etat, de leurs Commis, Secretaires, &c.

I I I.

Les Commenfaux de la Maifon du Roy de tou-

Z

tes especes ; les Gendarmes , Chevaux-Legers , Gardes du Corps , Grenadiers à Cheval , &c. Toutes les autres Charges Civiles & Militaires de la Maison du Roy & de Nosseigneurs les Enfans de France.

I V.

Les Ecclesiastiques du premier Ordre , comme Cardinaux, Archevêques, Evêques, gros Abbez Commendataires, leurs Officiers, & ceux qui en sont protegez : *Idem.* Ceux du deuxiéme Ordre , &c.

V.

Les Ordres de Chevaleries , sçavoir du Saint Esprit , de Malthe , de S. Loüis, de S. Lazare , &c.

V I.

Toute la Noblesse du Royaume , sçavoir les Princes , Ducs & Pairs , Maréchaux de France , les Marquis, Comtes, Barons & simples Gentils-hommes , &c.

V I I.

Les hauts Officiers de Robbe ; sçavoir Mr le Chancelier, les Conseillers d'Etat , les Maîtres des Requêtes , & tous ceux qui composent les Conseils du Roy. Les Presidens , Conseillers , Chevaliers d'Honneur , Procureurs & Avocats Generaux des Parlemens & Cours Superieures. Les Chambres des Comptes & Cours des Aydes, & les Bureaux des Tresoriers de France.

VIII.

Les Baillifs, Senéchaux , Prefidens, Confeillers , & Gens du Roy des Sieges & Jurifdictions fubalternes.

IX.

Les Intendans des Provinces , leurs Secretaires & Subdeleguez , & ceux qui en font protegez.

X.

Les Officiers des Elections, les Receveurs Generaux des Provinces ; les Receveurs des Tailles, les Officiers des Eaux & Forêts ; ceux des Greniers à Sel, les Maréchauffées, &c.

XI.

Les Gouverneurs de Provinces, & ceux des Places Frontieres , les Etats Majors de ces mêmes Places , &c.

XII.

Les Officiers de Guerre fervant actuellement, qui ne font pas Gentilshommes ; les Officiers d'Artillerie , Commiffaires des Guerres ; & plufieurs autres efpeces de Gens femblables.

XIII.

Ceux qui poffedent les Lieutenances de Provinces venduës depuis peu , ainfi que les Gouvernemens des Villes du dedans du Royaume.

XIV.

Les Maires & Syndics des Villes, leurs Lieutenans , & les Echevinages Privilegiez.

X V.

Plufieurs Charges que la neceffité a fait créer dans ces derniers temps, à la grande foule des Peuples.

X V I.

Les Terres franches & Nobles des Païs d'Etats ; les Villes franches, & plufieurs autres compris dans le Corps de l'Etat, fans en porter les Charges, qui retombent fur le pauvre Peuple.

X V I I.

Les Gros Fermiers & Sous-Fermiers du premier, fecond & troifiéme Ordre.

X V I I I.

Les Exempts par induftrie, qui font ceux qui trouvent moyen de fe racheter en tout ou en partie des Charges publiques, par des prefens, ou par le credit de leurs parens & autres protecteurs ; le nombre de ceux-cy eft prefque infini.

Sur quoy il y a trois Remarques importantes à faire.

La premiere, que la Décharge des Exempts, tels qu'ils foient, tombe neceffairement fur ceux qui ne le font pas, lefquels font fans contredit la plus nombreufe partie de l'Etat & la plus pauvre; & les menace par confequent d'une ruine totale, qu'on ne fçauroit prévenir & empêcher, que par l'établiffement de la DIXME ROYALE.

La feconde, que ces Exempts qui font la partie la plus confiderable du Royaume quant au bien, mais non quant au nombre n'en faifant

pas la milliéme partie, font ceux qui poffedent à
peu de chofe prés, tous les fonds de Terre, ne
reftant prefque à l'autre partie, que ce qui provient de fon Induftrie, dans laquelle nous com-
prenons la culture des Terres, façons de Vignes,
la nourriture des Beftiaux, le Commerce, tous les
Arts & Métiers, & tous les autres Ouvrages de la
main.

La troifiéme, que bien que ces Exempts le
foient de la Taille, du Taillon, de l'Uftenfile, &
des Logemens de Gens de Guerre, ils ne le font
pas du Sel pour la plûpart, des Aydes, des Doüanes, de la Capitation, ni de tous les Droits qui fe
levent fur les Marchandifes à l'entrée & fortie du
Royaume; non plus que des Poftes, à l'exception
de quelques-uns, & de ce qui fe leve fur les Epi-
ceries, le Sucre, les Eaux-de-Vie, le Thé, Caffé,
Chocolat, le Tabac, & plufieurs autres Drogues
& Denrées; bien que plufieurs font tout ce qu'ils
peuvent pour s'en exempter, & qu'ils s'en exem-
ptent en partie par Induftrie, ou autrement. Or
il eft certain que toutes ces Perfonnes ont intereft, que la DIXME ROYALE ne s'établiffe jamais; parce que fi elle l'étoit, il n'y auroit pas
plus d'Exemption pour eux que pour les autres,
puifqu'il n'y en auroit point du tout. C'eft pourquoy le Roy doit d'autant plus fe méfier de céux
qui luy feront des Objections contre ce Syftême,
que le pauvre Peuple, en faveur duquel il eft propofé, n'ayant aucun accés prés de Sa Majefté.

pour luy reprefenter fes miferes , il eft toûjours expofé à l'avarice & à la cupidité des autres, toûjours au bout de fes affaires, jufqu'à
être le plus fouvent privé des alimens neceffaires
au foûtien de la vie ; toûjours expofé à la faim,
à la foif, à la nudité ; & pour conclufion réduit à une miferable & malheureufe pauvreté,
dont il ne fe releve jamais. Or l'établiffement
de la DIXME ROYALE préviendroit infailliblement toutes ces miferes, & répareroit bien-
tôt le defordre. On n'y verroit pas tant de grandes fortunes à la verité , mais on y verroit
moins de pauvres , tout le monde vivroit avec
commodité, & les Revenus du Roy augmente-
roient tous les ans à vûë d'œil, fans être à charge, ni faire tort à l'un plus qu'à l'autre.

CHAPITRE X.

PROJETS DE DE'NOMBREMENS;
Et de l'utilité qu'on en peut retirer.

J'Ay promis un Formulaire de Dénombrement
des Peuples ; c'eft de quoy je vais m'acquitter
le plus fuccinctement que je pourray.

Le Royaume de France étant affez confiderable, pour meriter que le Roy foit informé à fond
du nombre & de la qualité des Sujets qui le com-

posent une fois l'année, il est question de trouver un moyen qui puisse donner lieu de le faire
connoître à fond, sans confusion & avec aisance.

Pour cet effet, il me paroît que le meilleur qu'on
puisse mettre en usage, est celuy de diviser tout le
Peuple par Décuries comme les Chinois, ou par
Compagnies comme nos Régimens ; & de créer
des Capitaines de Paroisses pourvûs du Roy, qui
auront sous eux autant de Lieutenans qu'il y aura de fois cinquante Maisons ou environ, lesquels seront pareillement sous-ordonnez au Com-
mandant des Lieux où il y en aura. Je m'explique : si une Paroisse est de cent Feux, un peu plus
ou moins, on y pourroit mettre un Capitaine &
deux Lieutenans, qui auront inspection sur cinquante Feux chacun, c'est-à-dire sur cinquante
Familles ; la visite desquelles ils seront obligez de
faire quatre fois l'année, de maison en maison,
pour se faire représenter toutes les Familles, Hommes, Femmes & Enfans ; les voir, & s'informer
des changemens & nouveautez qui y arrivent, &
en charger leur Registre, qu'ils renouvelleront
tous les ans. Et parce que la principale fonction
de ces gens-là doit être d'assez bien connoître
ces cinquante Familles, & tout le monde y contenu, grands & petits, pour en pouvoir fournir
le DENOMBREMENT toutes & quantes fois
qu'ils en seront requis ; ils auront soin de les observer, & d'en tenir compte, même des gens
qui meurent & qui naissent, & d'être toûjours

Cette création d'Officiers ou de Commissaires au Dénombrement des Peuples que je suppose gratuite & sans Appointemens, n'a rien de plus extraordinaire que celle des Commissaires des Guerres ; puisque le Roy n'a pas moins d'interest à la conservation & bonne conduite de ses Peuples qui fournissent les Gens de Guerre, & de quoy les payer, qu'à celle de ces mêmes Gens de Guerre, qui tous necessaires qu'ils sont à l'Etat, ne font qu'une trespetite partie de ces Peuples. Or on ne les propose icy, qu'à cause de la difficulté qu'on a eu de faire les Dénombremens de quelques Provinces, & du peu de fidélité qu'on y a trouvé. La fonction des Officiers ordinaires n'étant point destinée à cet usage, ils n'y sont pas naturellement disposez; soit parce que les Divisions du Peuple par Compagnies leur manquent, ou parce qu'ils n'ont pas de goust pour des Emplois qui ne leur rapportent rien.

prêts à fournir ledit Dénombrement. Ils pourront encore être chargez d'appaiser les querelles qui arriveront dans ces cinquante Maisons ou Ménages, & les empêcher de se plaider les uns les autres. Si par les suites le Roy juge à propos de leur donner plus d'autorité on le pourra faire, mais je croy qu'on fera bien de s'en tenir là, jusqu'à découverte de plus grands besoins.

On pourra donner ces Charges de Capitaines aux principaux Seigneurs des Paroisses, & les Lieutenances aux autres Gentilshommes des lieux s'il y en a, comme Seigneurs ou non, sinon aux meilleurs Bourgeois. Et parce que cela ne laissera pas de leur donner des soins qui les détourneront de leurs affaires pour quelque temps; on pourra au lieu de Gages ou Appointemens leur faire donner une poule tous les ans par ménage, ou six sols au choix du Payeur. Ces poules se pourront partager entr'eux avec la même proportion qui s'observe dans les Troupes; c'est-à-dire, que le Capitaine en prendroit la moitié, & les Lieutenans l'autre, s'ils sont deux, qu'ils partageront par égale portion; s'il y a trois Lieutenans, le Capitaine prendra deux parts, & chacun des Lieutenans une, ce qui fera cinq parts égales du tout.

Il faudroit aussi joindre quelques honneurs à ces Emplois, comme la qualité de *Monsieur*, & le chapeau à la main quand les gens de leurs Cinquantaines leur parleront; un Banc distingué à l'Eglise, & le rang à la Procession & à l'Offerte, aprés

aprés les Seigneurs & Gentilshommes des lieux.
Cela une fois établi, quand il plaira au Roy de
faire faire le DENOMBREMENT de son Peuple, il n'y aura qu'à adresser les Ordres aux Intendans, qui en envoyeront des Copies impri-
mées aux Presidens des Elections, & les leur en
consequence; & ceux-cy aux Capitaines de Paroisses, qui en deux fois vingt-quatre heures y auront satisfait, si les Officiers font leur devoir.

A l'égard du Formulaire de ces *Dénombremens*,
je n'en ay point trouvé de plus commode, que
de les faire par Tables divisées en colonnes; la premiere desquelles contiendra *les Maisons* sur pied;
la seconde, *les Hommes*; la troisiéme, *les Femmes*;
la quatriéme, *les grands Garçons*; la cinquiéme,
les grandes Filles; la sixiéme, *les petits Garçons*; la
septiéme, *les petites Filles*; la huitiéme, *les Valets*;
la neuviéme, *les Servantes*; & la dixiéme, *le Total
des Familles*; comme il est representé cy-aprés dans
la Table donnée pour exemple, dans laquelle tous
les Habitans supposez être d'une Paroisse, sont
dénommez par noms, surnoms & professions. Et
c'est dequoy pour bien faire, il faudra envoyer
des Modéles à tous les Capitaines de Paroisses,
afin que tous s'y conforment.

Il est à remarquer : *Premierement.* Que s'il y a
des Etrangers dans le lieu en nombre considerable, il n'y aura qu'à ajoûter une colonne pour
eux.

Secondement. Qu'un ⁰⁄₀ dans le quarré des Hommes ou des Femmes , marque les Veufs ou les Veuves ; & dans les autres quarrez , qu'il n'y a perſonne dans la Famille de l'eſpece contenuë en ſa colonne.

Troiſiémement. Que le même ≈ continué dans tous les quarrez d'une Famille , ſignifie les Maiſons abandonnées.

Quatriémement. Que deux ou pluſieurs Familles accolées enſemble , marquent autant de Ménages dans une même maiſon.

Cinquiémement. Que s'il y a des *Hameaux* dans la Paroiſſe dont on fait le *Dénombrement* , il en faudra mettre le nom en titre pour les diſtinguer , & enſuite les écrire dans l'ordre de ladite Paroiſſe. La même choſe des Cenſes , & autres lieux écartez qui n'ont pas même Seigneur , ou qui ſont ſeparez de celuy où eſt le Clocher , mais qui ſont de la même Paroiſſe.

Et ſixiémement. Que tous les *Garçons* & *Filles* à marier de la troiſiéme & quatriéme colonne , doivent être âgez ; ſçavoir , les *Garçons de quatorze ans & plus* , & *les filles depuis douze en ſus* ; & que tous les petits Garçons & petites Filles des deux colonnes ſuivantes doivent être *au deſſous* de cet âge , ſçavoir les Garçons de quatorze ans , & les Filles de douze. Le ſurplus s'explique nettement par la Table ſuivante faite à plaiſir , & ſeulement propoſée icy pour Exemple.

FORMULAIRE
EN TABLE,
POUR servir au Dénombrement du Peuple d'une Paroisse.

Paroisse de la Rochemelun.

Noms & qualitez.	Maisons.	Hommes.	Femmes.	Grands Garçons.	Grandes Filles.	Petits Garçons.	Petites Filles.	Valets.	Servantes.	Nombre des Familles.
Mr de la Croix, *Seigneur de ce Lieu.*	1.	1.	1.	2.	0.	0.	0.	6.	2.	12.
Mr Nicolas Philbert , *Curé.*	1.	1.	0.	0.	0.	0.	0.	1.	1.	3.
Me Thomas Santier , *Vicaire.*	1.	1.	0.	0.	0.	0.	0.	1.	0.	2.
Me Jean Linfirme, *Avoc. & Iuge du lieu.*	1.	1.	1.	1.	0.	0.	1.	1.	1.	6.
Me Jean le Seur, *Procureur Fiscal.*	1.	1.	1.	0.	1.	0.	1.	1.	1.	6.
Me Jacques Dubois, *Notaire.*		1.	1.	1.	0.	0.	1.	0.	1.	5.
Guillaume le Soin, *Maître d'Ecole.*	1.	1.	1.	0.	0.	1.	1.	0.	0.	4.

Noms & qualitez.	Maisons.	Hommes.	Femmes.	Grands Garçons.	Grandes Filles.	Petits Garçons.	Petites Filles.	Valets.	Servantes.	Nombre des Familles.
Jean du Fer, *Laboureur.*	I.	I.	I.	I.	I.	O.	O.	I.	I.	6.
Pierre Marlier, *Laboureur.*	I.	I.	I.	O.	O.	I.	2.	I.	I.	7.
Simon Coutre, *Laboureur.*	I.	I.	O.	I.	2.	I.	2.	I.	I.	9.
Henry le Foüet, *Charon.*	I.	I.	I.	O.	I.	O.	I.	I.	I.	6.
Jacques Denis, *Vigneron.*	I.	I.	I.	O.	O.	O.	I.	O.	O.	3.
Thomas Serpillon, *Vigneron.*	I.	I.	I.	O.	I.	O.	I.	I.	I.	6.
André Duchemin, *Charpentier.*	I.	I.	I.	O.	O.	O.	O.	O.	O.	2.
La Veuve Touſſaint Quevy, *Peſcheur.*	I.	O.	I.	I.	O.	O.	O.	O.	O.	2.
Jean Dubourg, *Bâtelier.*	I.	I.	O.	O.	O.	O.	I.	O.	O.	2.
Jacques Ruel, *Maréchal.*	I.	I.	O.	O.	O.	O.	I.	O.	O.	2.
Eſtienne Liard, *Taillandier.*	I.	I.	I.	O.	O.	O.	I.	O.	O.	3.
Simon Croiſſant, *Bucheron.*	I.	I.	I.	O.	O.	I.	O.	O.	O.	3.
Jeanne la Creuſe, *Fileuſe.*	I.	O.	I.	O.	O.	O.	I.	O.	O.	2.

Noms & qualitez.	Mai- fons.	Hom- mes.	Fem- mes.	Grands Gar- çons.	Gran- tes Fil- les.	Petits Gar- çons.	Petites Filles.	Valets.	Servan- tes.	Nombre des Fa- milles.
George Quefnel, *Tixier.*	1.	1.	0.	1.	1.	0.	0.	0.	0.	3.
Jean du Four, *Boulanger.*	1.	1.	1.	0.	0.	1.	0.	0.	1.	4.
Mineurs de Guillau- me la Houë, *Vigneron*	1.	0.	0.	0.	0.	2.	1.	0.	0.	3.
Vincent du Foffé, *Manœuvre.*	1.	1.	0.	0.	0.	0.	1.	0.	0.	2.
Nicole Guillette, vieille Fille, *Fileufe.*	1.	0.	1.	0.	0.	0.	0.	0.	0.	1.
Gilbert de Leftang, *Boucher.*	1.	0.	0.	0.	0.	0.	0.	0.	0.	0.
Jean Balive, *Cerclier.*	1.	1.	1.	0.	0.	1.	1.	0.	0.	4.
Jacques Perot, *Maffon.*	1.	1.	0.	0.	0.	0.	0.	0.	0.	1.
Jean Fauftier, *Boulanger.*	1.	1.	0.	0.	0.	0.	0.	0.	0.	1.
Paule Frelay, *Fileufe de Laine.*	1.	0.	0.	0.	1.	0.	0.	0.	0.	1.
Simon Quentin, *Manœuvre.*		1.	1.	0.	0.	0.	0.	0.	0.	2.
Guillaume Roux, *Couvreur.*	1.	1.	0.	0.	0.	0.	0.	0.	0.	1.
Noël Fagot, *Bucheron.*		1.	0.	0.	0.	0.	0.	0.	0.	1.

Noms & qualitez.	Maifons.	Hommes.	Femmes.	Grands Garçons.	Grandes Filles.	Petits Garçons.	Petites Filles.	Valets.	Servantes.	Nombre des Familles.
Edme du Sault, *Manouvrier.*	1.	1.	1.	0.	1.	0.	0.	0.	0.	3.
Jacques Criftal, *Maſſon.*	1.	0.	0.	0.	0.	0.	0.	0.	0.	0.
TOTAL des Familles.	35.	27.	19.	11.	10.	8.	18.	14.	11.	118.

ÏL n'y a qu'à continuer cette TABLE dans le même ordre jufqu'à la fin de la Paroiſſe, & au bas des colonnes mettre le total de ce qui s'y trouvera. Que s'il s'y rencontre des Abbayes, ou Familles Eccleſiaſtiques, autres que les Curez des Lieux, il n'y aura qu'à les écrire enſuite feparément ; obſervant toûjours la diſtinction des Sexes, ſuivant l'ordre de la Table.

On doit foigneuſement remarquer :

I. Qu'en faifant les Dénombremens, il faut prendre garde à ne pas compter deux fois les Valets & Servantes, (faute qui peut facilement arriver) en comptant fur le rapport des Peres & Meres, qui accufant le nombre de leurs enfans, peuvent par oubli ou autrement, ne pas fpecifier s'ils demeurent tous avec eux ou non ; & s'il n'y en a pas en fervice dans le lieu dont on fait le Dénom-

brement, lesquels venant à être comptez comme
Valets & Servantes dans les Familles des Maisons
où ils servent, il se trouveroit qu'on les compte-
roit deux fois pour une ; ce qu'il faut éviter, en
s'informant soigneusement de ceux qui servent
dans les lieux mêmes, afin de ne les specifier que
dans les Familles où on les trouve.

II. Que la même chose peut arriver, les Peres & Meres accusant juste le nombre de leurs
enfans ; & specifiant ceux qui servent hors de
chez eux ; comme aussi, s'ils ne disent pas s'ils
en ont de mariez qui ne demeurent pas avec
eux, parce qu'en ce cas on pourroit encore les
compter deux fois ; & c'est à quoy il faut prendre garde, & les distinguer.

III. Que des DENOMBREMENS gene-
raux, on en peut tirer tant d'Abregez qu'on voudra, qui contiendront tantôt une espece, tantôt
l'autre. Par exemple, un Abregé contiendra toutes les Maisons Nobles du Païs ; un autre, toutes les Maisons ou Communautez Eccléfiasti-
ques, Séculieres ou Régulieres, suivant leurs Ordres & leurs Sexes ; un autre les Gens de Justice ;
un autre les Artisans les plus necessaires, comme
Charpentiers, Charons, Menuisiers, & ainsi des
autres.

IV. Que si on veut sçavoir combien il y a de
Garçons & de Filles à marier, ou de Femmes
veuves ou mariées, plus que d'Hommes, il sera encore plus aisé de les specifier, & d'en faire

FORMULAIRE

QUI PEUT SERVIR POUR TOUT UN PAYS,

C'est-à-dire, une Election, un Gouvernement, ou un Bailliage; mesme pour une Province
entiere, où chaque Paroisse n'a qu'une ligne.

Dénombrement general des Peuples, Fonds de Terres, Bois, Maisons, Bestiaux, &c.

Noms des Paroisses.																														
Antheville. Mr DE LA HAYE, Seigneur.	14	18	8	14	8	7	11	17	110	11	3	3	2	1	13	10	45	7	4	3	31	6	10	1	13	16	10	6	3	1
Bacqueville. DU BUISSON, Seigneur.	11	11	11	19	11	11	10	11	110	10	4	7	12	10	10	60	31	11	9	12	9	11	7	59	30	0	0	4	1	
Canüy. Mr DE LA MARRE, Seigneur.	10	41	9	10	16	16	11	16	111	13	0	0	0	43	3	19	112	100	30	7	10	17	11	13	0	11	100	4	1	1
Deulemont. Mr DE BILLY, Seigneur.	40	32	10	18	19	16	13	10	130	10	0	0	4	60	13	15	119	10	40	1	19	39	11	10	0	10	113	6	0	1
Estinville. Mr DES-HOGUES, Seigneur.	30	31	13	19	14	30	10	11	140	30	4	1	6	70	10	15	100	400	10	4	6	30	13	4	40	110	6	0	1	
Fouquerolles. DU BOIS, Seigneur.	13	10	13	8	9	11	3	1	110	13	0	0	10	0	0	10	100	11	0	0	39	0	10	4	14	100	0	0	3	1
Grand-Champ. Mr DE S. REMY, Seigneur.	13	37	7	10	13	0	0	110	16	0	0	1	14	0	0	10	100	14	0	4	10	0	11	0	4	11	0	0	1	3
Heterville. Mr DUPUIS, Seigneur.	30	19	7	11	16	10	0	0	39	30	3	4	0	14	0	10	60	44	0	0	16	1	19	0	4	6	3	1	1	
Joncourt. Mr DU PLESSIS, Seigneur.	40	14	6	11	19	13	0	4	100	13	7	3	0	11	0	40	100	40	3	10	30	40	30	13	13	0	0	1		
Longbraque. Mr DES-MOULINS, Seigneur.	10	19	10	13	10	13	6	4	198	40	4	3	1	10	6	11	400	10	8	40	1	10	4	40	10	0	0	1		
Marigny. Mr LE CLERC, Seigneur.	10	14	7	16	18	10	6	4	100	11	1	0	0	1	0	40	100	10	0	3	43	6	11	1	18	13	0	0	1	1
Total	330	402	117	131	162	203	91	102	1318	313	31	11	18	313	99	91	336	432	130	18	71	146	78	147	14	314	463	26	11	11	16

UTILITE
de ces Dé-
nombremens.

DE tous ceux à qui le Dénombrement des Peuples peut être utile, il n'y en a point à qui il le soit davantage qu'au Roy même; puisque ce n'est que par rapport à son service que les autres en ont besoin; étant certain que son premier & principal interest est celuy de la conservation de ses Peuples, & de leur accroissement; parce que le plus grand malheur qui puisse arriver à son Etat, est leur déperissement. Or le moyen de l'empêcher est de les connoître, & d'en sçavoir le nombre, les differentes qualitez, les dispositions generales & particulieres où ils sont; ce qui leur fait bien, & ce qui leur fait mal; ce qui peut troubler leur repos, ou le procurer; ce qui peut contribuer à leur accroissement, ou les faire déperir. De sçavoir comme ils se conduisent, les nouveautez qui s'introduisent parmy eux, à quoy il faut soigneusement prendre garde; & enfin ce qui fait leur pauvreté ou leur richesse. De quoy ils subsistent, & font Commerce; les Sciences, Arts & Métiers qu'on professe parmy eux, & ceux qui leur manquent. Tout cela ne se peut sçavoir que par des Revûës souvent repetées, avec des distinctions exactes des differentes conditions qui sont parmy eux, qu'il faut non moins curieusement que trés-soigneusement examiner, & bien démêler; étant trés-important d'empêcher qu'un Etat n'empiéte sur l'autre, & que les distinctions ne s'accroissent davantage.

Quelle satisfaction ne seroit-ce pas à un grand

Roy de ſçavoir tous les ans à point-nommé le nombre de ſes Sujets en general & en particulier, avec toutes les diſtinctions qui ſont parmy eux ? Le nombre & les noms de ſa Nobleſſe ; le nombre des Eccleſiaſtiques de toutes éſpeces ; & de tous les Gens de Robbe ; des Marchands, des Artiſans, Manouvriers, &c. le nombre des Etrangers, celuy des Moynes diſtinguez par leur Ordre ; des Religieuſes auſſi diſtinguées de même ; de tous les Nouveaux Convertis, & Gens faiſans profeſſion d'autres Religions que de la Catholique, & les lieux de leurs Demeures. Quel plaiſir n'auroit-il pas d'en voir l'Accroiſſement par ſa bonne conduite ; & à même temps quel deſir n'auroit-il pas de raccommoder les Parties qu'il verroit dans quelque deſordre, à l'occaſion des Guerres ou autrement ?

Ne ſeroit-ce pas encore un plaiſir extrême pour luy, de pouvoir de ſon Cabinet parcourir luy-même en une heure de temps, l'état preſent & le paſſé d'un grand Royaume dont il eſt le ſouverain Maître ; & de pouvoir connoître par luy-même avec certitude, en quoy conſiſte ſa Grandeur, ſes Richeſſes & ſes forces ; le bien & le mal de ſes Sujets, & ce qu'il peut faire pour accroître l'un & remedier à l'autre ?

Mais afin que cette UTILITE' fût permanente & de durée, il ſeroit neceſſaire de repeter ces *Dénombremens* toutes les années au moins une fois, à raiſon des gens qui meurent & qui naiſ-

sent, & des changemens de Demeure, qui sont
ordinairement assez frequens parmy le menu Peuple, specialement dans les grandes Villes, & sur
les Frontieres. Il n'y a point de Bataillon dans le
Royaume, si méchant soit-il, qui ne soit tous les
ans sujet à douze Revûës de Commissaire, & à
trois ou quatre d'Inspecteur; ce qui se pratique
avec beaucoup de soin & d'exactitude, & on fait
fort bien. Cependant ce Bataillon n'est destiné
qu'à de certains Emplois trés-bornez, & ne fait
qu'une trés-petite parcelle du Peuple dont ce
grand Royaume est composé, duquel on ne fait
jamais de Revûë, quoy qu'il rende une infinité
de services au Roy plus importans mille fois que
ceux de ce Bataillon, puisque c'est par luy & de
luy qu'il tire toute sa Grandeur, les Richesses,
& sa consideration; & que c'est par luy qu'il se
fait craindre & respecter de ses Voisins. N'ou-
vrira-t'on donc jamais les yeux sur l'importance
& la necessité qu'il y a d'en mieux connoître le
Détail, & d'en apprendre le fort & le foible, du
moins tous les ans une fois? Le Roy y a plus d'interest luy seul que tout le Royaume ensemble, &
rien n'est plus aisé que de luy donner cette satisfaction si importante à son service & au bien de
l'Etat.

Voila à peu prés l'Avantage qu'on peut tirer
des DENOMBREMENS des Provinces, Villes
& Lieux du Royaume. On pourroit y ajoûter
pour les rendre parfaitement intelligibles, les

Plans & Cartes particulieres des Villes, & des Païs,
levez avec foin, & fi bien circonftanciez , que
les Bois, les Prez, les Terres labourables, Rivieres, Ruiffeaux, Marais, Montagnes, Villes, Châ-
teaux , Villages , Abbayes , Cenfes , Moulins,
Ponts, Chemins , &c. y fuffent diftinguez par
noms & figures, placez dans leur vraye diftance
naturelle , orientez & levez geométriquement,
& bien figurez ; ce qui fe pourroit par le moyen
d'un Atlas François , divifé en autant de Livres
qu'il y a de Provinces dans le Royaume.

CHAPITRE XI.

REFLEXION IMPORTANTE,

Pour fervir de Conclufion à ces Memoires.

CONCLUSION de ces Memoires.

COMME il y a impoffibilité manifefte qu'un
Etat puiffe fubfifter, fi les Sujets qui le com-
pofent ne l'affiftent, & ne le foûtiennent par une
CONTRIBUTION de leurs Revenus capable de
fatisfaire à fes befoins ; on ne croit pas s'éloigner
de la verité, fi on dit que les Rois ont un intereft perfonnel & trés-preffant, de tenir la main à
ce que les levées qui fe font fur eux à cette occafion, n'excedent pas le neceffaire. La raifon eft,
que tout ce qu'on en tire au-delà, les jette dans
une mes-aife, qui les appauvrit d'autant, ce qui va

quelquefois à tel excés, qu'ils en fouffrent jufqu'à
la privation des Alimens neceffaires au foûtien de
la vie; & les expofant à perir, en jette beaucoup
dans le defefpoir. Ce mal ne s'eft que trop fait
fentir dans ces derniers temps, où ce défaut joint
à celuy d'une cruelle guerre, & des cheres années, a fait perir ou deferter une partie confiderable des Peuples de ce Royaume, & tellement
appauvri les autres, que l'Etat s'en trouve aujourd'huy affoibli & trés-incommodé. Perte qui
tombe directement fur le Roy même, qui en
fouffre par la diminution de fes Revenus, par la
perte de fes meilleurs hommes, & par un déchet
confiderable de fes forces. Ce mal qui fubfifte encore dans le temps que j'écris cecy, & qui s'augmente tous les jours, eft fans doute beaucoup
plus grand qu'on ne penfe, & pourroit même tirer à des confequences trés-mauvaifes par les fuites. C'eft pourquoy j'eftime qu'il eft à propos
d'en donner une idée plus fenfible, & qui faffe
toucher au doigt & à l'œil la grandeur de ce défaut. C'eft ce que nous ferons en peu de mots,
par une comparaifon qui me paroît affez jufte;
la voicy.

Il eft certain que le Roy eft le Chef Politique
de l'Etat, comme la Tête l'eft du Corps humain;
je ne croy pas que perfonne puiffe douter de cette verité. Or il n'eft pas poffible que le Corps humain puiffe fouffrir léfion en fes membres, fans
que la tête en fouffre. On peut dire qu'il eft ain-

fi du Corps Politique, & que fi le mal ne fe porte pas fi promptement jufqu'au Chef , c'eft qu'il
eft de la nature des Gangrénes , qui gagnant peu
à peu , ne laiffent pas d'empieter & de corrom-
pre , chemin faifant , toutes les parties du corps
qu'elles affectent , jufqu'à ce que s'étant appro-
chées du cœur, fi elles n'achevent pas de le tuer,
il eft certain qu'il n'en échappe que par la perte
de quelqu'un de fes membres. Comparaifon qui
a beaucoup de rapport à ce que nous fentons,
& qui bien confiderée , peut donner lieu à de
grandes réflexions. Cela même m'autorife à repeter ce que j'ay dit , QUE LES ROIS ONT UN
INTEREST RÉEL ET TRÉS-ESSENTIEL
A NE PAS SURCHARGER LEUR PEUPLE,
JUSQU'A LES PRIVER DU NECESSAIRE.
J'ofe même dire , que de toutes les tentations dont
les Princes ont le plus à fe garder, ce font celles
qui les pouffent à tirer tout ce qu'ils peuvent de
leurs Sujets ; par la raifon , que pouvant toutes
chofes fur des Peuples qui leur font entierement
foûmis, ils les auront plûtôt ruinez qu'ils ne s'en
feront apperçûs.

Le feu Roy HENRY LE GRAND de glo-
rieufe memoire , fe trouvant dans un befoin pref-
fant follicité d'établir un nouvel Impoft qui l'af-
furoit d'une augmentation confiderable à fes Revenus , & qui paroiffoit d'un établiffement facile:
ce bon Roy , dis-je, aprés y avoir penfé quelque temps, répondit à ceux qui l'en follicitoient,

QU'IL E'TOIT BON DE NE PAS TOUJOURS
FAIRE TOUT CE QUE L'ON POUVOIT,
& n'en voulut pas entendre parler davantage.
PAROLE de grand poids, & vrayement digne
d'un Roy pere de son Peuple, comme il l'étoit!

Je reviens au sujet de ce discours, qui n'étant
fait que pour inspirer autant qu'il m'est possible
la Moderation dans l'imposition des Revenus de
Sa Majesté, il me semble que je dois commencer par définir la nature des fonds qui doivent les
produire, tels que je les conçois.

Suivant donc l'intention de ce Système, ils
doivent être affectez sur tous les Revenus du
Royaume, de quelque nature qu'ils puissent être,
sans qu'aucun en puisse être exempt, comme une
Rente fonciere, *mobile, suivant les besoins de l'Etat,*
qui seroit bien la plus grande, la plus certaine,
& la plus noble qui fût jamais, puis qu'elle seroit
payée par préference à toute autre, & que les
fonds en seroient inalienables & inalterables.
Il faut avoüer que si elle pouvoit avoir lieu, rien
ne seroit plus grand ni meilleur; mais on doit en
même temps bien prendre garde de ne la pas ou-
trer en la portant trop haut. C'est-à-dire, que
bien qu'il soit dit dans beaucoup d'endroits de ces
Memoires, qu'on se pourra joüer entre le xxe &
le xe sol à la livre, ou la xxe & la xe Gerbe qui
est la même chose, il faudroit pour bien faire,
n'approcher du xe que le moins qu'il sera possible, & se tenir toûjours le plus prés du xxe qu'on

Le contenu en cet Article a déja été dit à la page 104. mais on le repete icy plus au long, à cause de son Importance.

pourra ; par la raifon, qu'à mefure qu'on approchera du xe, la charge deviendra toûjours plus pefante, notamment fur le pauvre Peuple qui la fentira le premier, à caufe du SEL qui doit augmenter à proportion.

Rendons cecy intelligible, & fuppofons que dans un temps forcé & trés-preffant, la Dixme foit remontée au xe équivalant à 2 f. pour livre.

L'Eglife tirera de fon côté un vingtiéme & demy pour fa Dixme, qui joint aux Cenfives ou droits des Seigneurs, à la grêle, mauvais temps, & fterilité des années, emportera plus d'un autre dixiéme.

Cecy fuppofé, le SEL remonte à 30 liv. le Minot, & dix ou quatorze Perfonnes au Minot, qui eft la diftribution plus approchante de la raifon.

Le SEL de fon côté faifant chemin à remonter comme la DIXME ROYALE, emportera encore du moins un dixiéme, pour peu que les Familles foient nombreufes ; & quand elles ne feroient compofées que du Pere, de la Mere, & de deux enfans, ils en confommeront chacun pour cinquante fols par an, ce qui fait dix livres pour toute la Famille, & confequemment un dixiéme & plus ; de forte que voila trois dixiémes pour chaque livre, c'eft-à-dire fix fols de vingt, fçavoir quatre pour le Roy, un & demy pour la Dixme Ecclefiaftique, & le furplus pour les Seigneurs, & le mauvais temps ; & partant il ne reftera que treize à quatorze fols de vingt pour le Propriétaire & le Fermier, qui partagez en deux, reviendront à fept pour chacun ; fur quoy déduifant les frais du labourage & de la récolte, il leur

reftera

reſtera fort peu de choſe pour vivre. Et pour peu
que cela ſe repetât pluſieurs années de ſuite , ils
en ſeroient trés-incommodez ; parce qu'il n'y a
guéres de Païſan qui ne doive à quelqu'autre , &
que cet autre étant auſſi chargé de ſon côté , ſe
trouvera dans le même cas , & conſequemment
obligé à ſe faire payer , comme ſujet aux mêmes
incommoditez. Je ne voy donc que les gens ai-
ſez & un peu accommodez d'ailleurs, capables de
pouvoir ſoûtenir pour un peu plus de temps le
dixiéme. D'où je conclus, qu'afin que tout le monde puiſſe vivre un peu commodement , il faut ſoûtenir les Impoſitions le plus prés du vingtiéme qu'il
ſera poſſible , & les éloigner tant qu'on pourra du
dixiéme, ſi on veut éviter l'Oppreſſion des Peuples ; d'autant plus qu'on trouvera amplement de
quoy ſatisfaire au beſoin de l'Etat, entre ces deux
extrêmitez ; je veux dire entre le dixiéme & le
vingtiéme.

Au ſurplus , je croy qu'il ne ſera pas hors de
propos de redire encore icy,qu'on peut bien ajoûter quelque choſe au Syſtême de la DIXME
ROYALE , en perfectionnant ce qu'il a de bon,
& corrigeant ce qui s'y trouvera de mauvais ; mais
on ne doit pas le mêler avec d'autres Impoſitions,
quelles qu'elles puiſſent être, avec leſquelles il eſt
incompatible de ſa nature ; parce qu'il ramaſſe &
réünit en ſoy tout ce dont on peut faire Revenu
dans le Royaume , qui étant une fois dixmé à la
rigueur, on ne peut plus y retoucher , ſans s'ex-

C c

poſer à tirer d'un ſac pluſieurs moutures. C'eſt pourquoy bien qu'il en ait déja été parlé dans le corps de ces Memoires, je n'heſite pas à le repeter icy, la choſe me paroiſſant d'une importance à ne devoir pas être touchée legerement.

Il me ſemble auſſi que les Revenus du Roy ſe doivent diſtinguer de ceux de ſes Sujets, bien que tous proviennent de même ſource, ſuivant ce Syſtême. Car on ſçait bien que ce ſont les Peuples qui cultivent, recuëillent, & amaſſent ceux du Roy; & que pour les percevoir, ſes Officiers n'ont d'autre ſoin que de les impoſer, & en faire la Recette, les Peuples faiſans le reſte. C'eſt pourquoy il me paroît qu'il ſeroit mieux de dire, que des fonds de Terre, du Commerce & de l'Induſtrie, ſe tire le Revenu des hommes; mais que les veritables fonds du Revenu des Rois, ne ſont autres que les hommes mêmes, qui ſont ceux dont ils tirent non ſeulement tout leur Revenu, mais dont ils diſpoſent pour toutes leurs autres affaires. Ce ſont eux qui payent, qui font toutes choſes, & qui s'expoſent librement à toutes ſortes de dangers pour la conſervation des biens & de la vie de leur Prince; qui n'ont ni tête ni bras, ni jambes qui ne s'employent à le ſervir, juſques-là qu'ils ne peuvent pas ſe Marier, ni faire des Enfans, ſans que le Prince n'en profite, parce que ce ſont autant de nouveaux Sujets qui luy viennent.

Ces fonds ſont donc bien d'une autre nature

que ceux des Particuliers , par leur Nobleſſe &
leur utilité intelligente , toûjours agiſſante & ap-
pliquée à mil choſes utiles à leur Maître. C'eſt de
ce fonds-là dont il faut être bon ménager , afin
d'en procurer l'Accroiſſement par toutes ſortes de
voyes legitimes , & le maintenir en bon état, ſans
jamais le commettre à aucune diſſipation. Ce qui
arrivera infailliblement , quand les Impoſitions
feront proportionnées aux forces d'un chacun, les
Revenus bien adminiſtrez ; & que les Peuples ne
feront plus expoſez aux mangeries des Traitans,
non plus qu'à la Taille arbitraire, aux Aydes &
aux Doüanes, aux friponneries des Gabelles, & à
tant d'autres Droits onereux qui ont donné lieu à
des vexations infinies exercées à tort & à travers
ſur le tiers & ſur le quart , leſquelles ont mis une
infinité de gens à l'Hôpital & ſur le pavé , & en
partie dépeuplé le Royaume. Ces Armées de Traitans, Sous-Traitans , avec leurs Commis de toutes eſpeces ; ces Sang-ſuës d'Etat, dont le nombre
feroit ſuffiſant pour remplir les Galeres, qui aprés
mil friponneries puniſſables , marchent la tête levée dans Paris parez des dépoüilles de leurs con-
citoyens, avec autant d'orgüeil que s'ils avoient
ſauvé l'Etat. C'eſt de l'Oppreſſion de toutes ces
Harpies dont il faut garantir ce précieux Fonds,
je veux dire ces Peuples, les meilleurs à leur Roy
qui ſoient ſous le Ciel , en quelque partie de l'U-
nivers que puiſſent être les autres. Et pour conclu-
ſion, le Roy a d'autant plus d'intereſt à les bien

traiter & conferver, que fa qualité de Roy, tout fon bonheur & fa fortune, y font indifpenfablement attachez d'une maniere infeparable, qui ne doit finir qu'avec fa vie.

Voila ce que j'ay crû devoir ajoûter à la fin de ces Memoires, afin de ne rien laiffer en arriere de ce qui peut fervir à l'éclairciffement du Syftême y contenu. Je n'ay plus qu'à prier Dieu de tout mon cœur, que le tout foit pris en auffi bonne part que je le donne ingénûment, & fans autre paffion ni intereft que celuy du fervice du Roy, le bien & le repos de fes Peuples.

TABLE

DES CHOSES PRINCIPALES

CONTENUES DANS CES MEMOIRES.

TABLE DES MATIERES.

TABLE DES MATIERES.

E e

G

TABLE DES MATIERES.

TABLE DES MATIERES.

TABLE DES MATIERES.

TABLE DES MATIERES.

Fin de la Table des Matieres.

FAUTES SURVENUES EN L'IMPRESSION.

Page 4. ligne 4. lisez , que des quatre autres.

Page 7. ligne derniere , que des , lisez , que les.

Page 16. ligne 23. lisez , & par les Dénombremens.

Page 32. lignes 28. & 30. Page 43. ligne 13. & page 58. ligne 19. Cottité , lisez Quotité.

Page 43. ligne 17. se doive imposer , lisez se doive lever.

Page 63. ligne 24. lisez , qu'il reste encore ceux des Forges , &c.

Page 65. ligne 15. même des Pensions , lisez même celle des Pensions.

Page 100. au Titre , lisez seconde Augmentation du Dixiéme.

Au Total de la quatriéme Augmentation , trop fort , lisez très-fort.

Page 105. ligne 14. lisez , que la Dixme des fruits de la Terre , &c.

Page 125. à la Notte marginale , lisez ces differentes Quotitez de la Dixme.

Page 117. ligne 22. lisez , qu'il faudroit être , &c.

Page 129. ligne 13. au chiffre , lisez 13008 l. 17 s. qui est le total des trois parties suivantes.

Page 149. Le Mayne , quatriéme colonne , lisez 730.

    Duché de Bourgogne , premiere colonne , lisez 941. au lieu de 491.

    Le Comté de Bourgogne , quatriéme colonne , lisez 1081.

Page 150. Le Limosin , troisiéme colonne , lisez 401.

    Au Total , troisiéme colonne , lisez 28054.

    Derniere ligne , lisez 28642 lieües & ⁴⁄₅.

Page 159. ligne 27. lisez cinq cens mil Ames , &c.

~~Page 163. à la seconde Notte de la Marge , lisez , se doit peser ledit Septier cent soixan-te & dix livres poids de marc ; & il n'en pese ordinairement que cent soixante-cinq. Voyez la page 16. de la premiere Partie.~~

Page 199. ligne 20. intalterables , lisez inalterables.

www.ingramcontent.com/pod-product-compliance
Lightning Source LLC
Chambersburg PA
CBHW061014280326
41935CB00009B/960